Chuck の英語体験

JN113615

関　知耻忠

＜はじめに＞

　本書はNPO法人「サークルETM」が配信するメールマガジン『英会話 使えるこの一言 映画は日常会話常套句の宝庫！』に、2011年から6年間に亘って寄稿したコラム『Chuckの英語体験』の記事をまとめたものです。

　サークルETMは「映画を楽しみ、英会話を学ぶ」ことを狙いとして1987年に創設された生涯学習団体で、ETMは "English Through the Movies" の略称です。
　縁あって私は2008年に入会し、新しい映画を基に学びつつ、現在、講師として横浜市内のETM及び「1500語で話せる英会話」、計５つのクラスで会員向けのレッスンを担当しています。

　私は機械工学を専攻して自動車メーカーに入社し、エンジンの設計開発に携わった後、希望して同社の海外部門に移り、以後、カナダ、オーストラリア、タイに於ける通算12年の海外勤務を含めて、人生の多くの部分を海外に関わる仕事に従事してきました。

　大学時代にESSに所属するなど、英会話への意欲は大いに持っていたものの、生の英語に日常的に触れる

機会を得たのは30才を越えて海外部門に異動してから
という私にとって、英語によるコミュニケーションは
それなりにチャレンジングなものでした。

　そのような中で、失敗を重ねながら実際の体験を通
して学習し、様々な状況に対応できる力を身に着ける
に至った訳ですが、そうした出来事の数々や気づいた
事柄などを思い出すままに書いてみたものがこのコラ
ムでした。

　今回、同コラムで紹介した６０のエピソードを収録
し、お目に掛けることとなりました。皆様に文字通り
ご笑覧いただくと共に、ご自身の体験とも重ね合わせ
て「あっ、そうそう」や「そんなこともあったのか」
などといった風に感じていただけましたら大変嬉しく
思います。

　2020年12月

　　　　　　　　　　　　　　　　　著者
　　　　　　　　　　　　　　　　　関　知耻忠

目　次

1. オージー英語は面白い（その１）

　４年ほど私が駐在したオーストラリアは、言わずと知れたオージー（"Aussie"または"Oz"）イングリッシュの国。

　オージー英語といえばその独特の発音で有名ですが、日常の話し言葉でも特別な言い回しがあります。

　その筆頭格の一つは、何と言っても、"No worries."でしょう。

"Thank you."や"Sorry."といった、お礼や謝罪に対するカジュアルな返事としてよく使われ、標準（？）英語の"Never mind."（「大丈夫だよ」や「全然いいよ」）に相当すると考えられます。
　また、承諾の"Sure."といった意味でも用いられる、おおらかなオーストラリアらしい、大変守備範囲の広い言い方です。

　もちろん、文字通りの"Don't worry."や"No problem."の意味も持っています。
　（ただし、"No worries."は、より深刻度が軽い場合

に使うイメージですが...）

　仕事上の課題を抱えて悩んでいる時、同僚のオージーから "No worries." と声を掛けられて不思議に気持ちが楽になり、"魔法の言葉" に聞こえたこともありました。

　けれども、仕事に関してこちらから「大丈夫？何か問題ある？」と聞いた時に、"No worries." の答えが返ってきても安心は禁物！

　よくよく調べてみると実際にはトラブルの種が大ありだったという経験も、あれこれと...。

2. オージー英語は面白い（その２）

　オージー英語の言い回しのもう一つの筆頭格は、
"G'day."（＝ Good day）です。
「グダイ」と発音し、"Hello" に代わる挨拶として、
大変よく使われます。

　男性同士では、この後に "mate"（「友達」の意味。
「マイト」）と発音します）を付けて、"G'day, mate."
（「グ**ダ**イ、**マ**イト！」）の形で使うのが一般的で、とに
もかくにも、オーストラリアの１日はこの挨拶で始ま
るといっても過言ではありません。

　"mate"（「マイト」）の方も、くだけたオージーの会
話ではしばしば出てくる言葉です。
　もともとは友人、友達、仲間といった意味の呼びか
けですが、仲の良い友人はもちろん、ちょっとした知
り合いや、初対面の人にさえ使われます。気軽に人と
接するオーストラリア人の大らかさを表わすものと考
えてよいでしょう。
　この mate が入った言葉で、そうした彼らの
Friendship の考え方を表現した、"mateship"（「マイ
トシップ」）という単語もあります。

　最初は戸惑った当地の習慣の1つに、男性が一人でタクシーに乗るときには「助手席に座る」というものがありましたが、これなどもmateshipの表われと考えられます。

　そうそう、「マイト」で思い出すのは、（スペルは違うものの）「ベジマイト」（Vegemite）という名のオーストラリアの発酵食品。

　黒くペースト状で、ピーナッツバターのようにトーストに塗ったりして食べますが、塩辛く、独特の味がするので人によって好き嫌いが別れます。
　豪州人にとっては我々の味噌や納豆のように大事なものと言われており、最近も誰か同国政府の偉い人が海外に行く時には欠かさず持参すると話していた記事を読み、懐かしく思ったものです。

　私はといえば、同僚のオージーから分けてもらってトライしたものの、"恐怖の（！？）ベジマイト"といった感じで、何度目かで降参。
　それ以後はいくら勧められても、... "No thanks, mate（マイト）.!" でした。（笑）

3. オージー英語は面白い（その３）

　オージー英語を語る上では、やはりその発音を挙げない訳にはいきません。

　最も特徴的なのは、"A" を「アイ」と発音すること。

　例えば、「**トゥダイ**（＝ today）」、「**サンダイ**（＝ Sunday）」といった具合です。これは、初期の移民が話していたロンドンの下町訛り（cockney：映画 "My Fair Lady" に出てきますね）が定着したものと言われています。
　よく冗談の種になるのが、"I go to the hospital to die." 　本来は "I go to the hospital today." のつもりが、豪州人が言うとこんな風に聞こえてしまうという例の一つです。

　このオージー式発音には最初こそ戸惑いましたが、しばらくするとこちらの脳内に「変換機能」ができ上がり、まごつくことも少なくなったものです。

　但し、そうは言ってもなお時々、面食らうケースはありました。

　ある重要な案件でオーストラリア人スタッフと共に、所轄の官庁を訪ねた時のこと。

　面会した担当官が名乗ったのは、「私は"スマイル"です」。厳格そうな、にこりともしない顔と「スマイル」はいかにも不釣合いで、微妙な違和感を覚えつつ話を進めました。
　その途中で、最初に戴いた名詞を改めて眺めてみると、そこには、「Xxxxx　Smale」というお名前が．．．。
　世界標準（？）の英語では、「スメイル」と発音する苗字だったのですね。

　そんな訳でちょっぴりおかしさを感じながら話したせいか、こちらにも気持ちの余裕が生まれ、"Mr. 微笑み"氏との折衝は予想以上にうまくいったのでした。

　それこそ、"No worries, mate!（ノーウォリーズ、マイト！）"だったのです。

4. 仮定法の粋な使い方

　初めての海外勤務の地カナダでの、赴任後、日も浅い頃の出来事です。

　回りは全て"英語人（＊）"の部署で、他の駐在員と共にとる昼食や日本との交信時以外は日本語と縁がない環境の下、毎日、耳から入ってくる英語をcatchするのに必死だった時のことでした。
（＊：我が子供達が使っていた、現地の人たちの呼び方です）

　ある日、日本からの出張者を空港までpick upに行きました。

　到着ロビーには、出迎えの人々に混じってうら若い女性が一人。なかなかの美形で、気になる存在です。

　飛行機が着き、カートを押した乗客が一人二人と現われ始めた中、しばらくして背の高い欧米人の紳士がゲートを出てきました。
　そこにあの女性が歩み寄って話しかけたのです。
「XXXさんですね？」と訊いたようでした。

　その時に、紳士が、よく通る声で答えた言葉が、"I wish I was."（そうだったらよいのですが...）。

「いえ、人違いです」や「私はXXX氏ではありません」といった"直球"ではなく、ウィットを効かせて柔らかく返した、粋な答え方でした。

　件の紳士はそのまま立ち去りましたが、二人の会話を耳にした私は、「『仮定法過去』はこんな風に使うんだよ」と教えられた気がして、強く記憶に残ったものです。

「よし、私も将来、美人に"人違い"されることがあったら、絶対にこの言い方で返事をするぞ！」と心に決めて、そのような場面の到来を待つこと「ウン１０年」、...。

　未だにそのチャンスに恵まれていないのが残念でなりません。

5. どちらも『勧める』、なのに...

　カナダに駐在した当初の私の職務は、現地人幹部の assistant というものでした。

　初めての海外勤務が外国人 boss の下、加えてその上司がロシア貴族の末裔で、映画『最高の人生の見つけ方（The Bucket List）』の主人公の Edward 氏のように極めて個性の強い人物とあって、色々と大変だったものです。

　けれどもそのお蔭で、多くの実戦的な英語の経験を積むことができたと思います。

　ある時、この boss が勢い込んで私のオフィスにやって来ました。手には何やらレターペーパーが握られています。

　何事かと思って話を聞くと、私へのお叱りでした。

　ある提言を記した彼宛ての社内レターで私が使った、"recommend" という言葉がいけないというのです。

　彼によれば、「上司に対してこの言い方は駄目だ。君は俺に "suggest" はできるが、"recommend" する立場にはないんだぞ」とのこと。

　どちらも英和辞書では同じように「勧める、提言する」とあっても、それが持つニュアンスには差があることを知らされた次第です。

　英語をそのニュアンスも含めて、きちんと理解するのはなかなか難しく思います。
　映画などを通じて、実際のシチュエーションとその中での言葉の使い方に数多く触れることは、そのための大変有効な手段と言えるでしょう。

　その意味で、「映画で学ぶ英会話」も、まさにこのコンセプトに基づくものと感じています。

6.『安い』に注意！

　英語のニュアンスの面で気をつけて使いたい言葉に、"cheap" があります。

「値段が安い」の意味だけでなく、「安っぽい」、「安かろう、悪かろう」という感じも併せ持つからです。

　あるお店で、商品をほめるつもりで言ったのにけなした格好になり、店員さんに変な顔をされてバツの悪い思いをしたことがありました。

　そうした誤解を避けるには、"inexpensive" や "low-priced" を使った方がよさそうです。
　価格や費用のみを指して「安い」という意味を表現できます。
　また、「手頃な値段」と言いたいときには、"reasonably-priced" などが使えます。

　そういえば、全米一の大型スーパー「Walmart（ウォールマート）」のcatch-phraseで、"Every Day Low Price" というのがあります。特売日を設けるのでなく、「毎日、どこよりも低価格で提供します」というコ

ンセプト。

　当メルマガで先日紹介された「返品制度（＊）」も今でこそアメリカでは当たり前となっていますが、この店のオリジナルです。そうした戦略が功を奏し、今では売上額で世界最大の企業に成長しました。

　（＊：顧客が一旦購入した商品を「どんな理由でも」お店に返品できるというもの）

　最近は日本でも、この "Every Day Low Price" のフレーズを英語のままで見かけるようになりましたね。

　けれども、「毎日が特売ですよ」と言われても、感覚的には今一つピンとこない気がします。

　私にはやはり、よりstraightforward（直接的）な、「♪〜２０日、３０日、５パーセントオフ〜♪」の方が性に合っているようです。

7.『失望させない』、の真意は？

　映画『最高の人生の見つけ方（The Bucket List）』での会話,"…if you're worried about letting me down… you know, it's a lot easier for me." から、オーストラリアで引越しをした時の経験を思い出しました。

　当地での貸家探しの手段は主として不動産屋の新聞広告によるもの。
　希望に近い物件があると連絡し、お店で鍵を受け取って自分で検分してきます。

　何軒か当たって幾つか候補を見てみたものの、これはというものに出会えません。

　現在の借家の契約期限がせまり、大分あせってきた中で訪ねた1軒のagent。しかし、ここの物件も残念ながら、「帯に短かし...、」でした。

　何とか探さなければという当方の切羽詰った気持ちを感じたのでしょう、担当の女性が掛けてくれた言葉が、"No worries. I won't let you down."

"let～down" の表現は頭の引き出しになかった小生、一瞬迷いましたが、「多分、『失望させない』の意味だろう」と、ひとまず正解の解釈にたどりつき、大いに期待を抱いたものです。

けれども、その後連絡を待ったものの、当の agent からは not heard a word（なしのつぶて）でした。

後で気づいたのですが、この時の一言はせいぜい、「私、頑張りま～す！」といったニュアンスでの意思表示だったのですね。

ともあれ、新たな住まいは幸い他で見つかりましたので、彼女の言葉には元気づけの効果があった、と今では感謝しています。

8. スマートな『断り方』

　私が現地で聞いて、英語らしいなと感じた言葉の一つに、"deserve" があります。

　直訳すれば「〜に値する、〜にふさわしい」といった意味ですが、いろいろな場面で使われます。

　先日観た映画『リアル・スティール（Real Steel）』の中でも、"You deserve better than me." というセリフが出てきました。

　特に記憶に残っているのは、やはりこの "You deserve 〜." の形での使い方。

　例えば、職場の仲間の昇進が発表された時、本人に、"Congratulations!" とありきたりのお祝いを言った後に、"You deserve it." と付け加えるのです。

　こちらが本当にそう思っているかはさておき、「君はそれ（昇進）に値するよ」や「君が自分で勝ち取ったんだよね」と伝えることで、相手の顔がさらにほころび、その後の協力関係が一層うまくいくこと請け合いです。

　かくいう私も、このひと言を貰った時には悪い気持

ちはしなかったものでした。

　但し、全く同じ言い方でありながら、シチュエーションによっては「当然の報いだ」や「自業自得だ」の意味にもなるのでご注意を．．．。

　そうそう、ETM のクラスで初めて学んだ、"deserve" の使い方もあります。

　女性が男性からプロポーズあるいは告白を受けた時のスマートな「断り方」として紹介されたのが．．．、"I don't deserve you." 映画『めぐり逢えたら（Sleepless in Seattle）』で、キュートなメグ・ライアンが口にした言葉です。

　なるほど、これならば相手をそれほど傷つけずにすむな、と感心の至りでした。

9.『フェアじゃない』は切り札

映画『めぐり逢えたら（Sleepless in Seattle）』の冒頭に、奥さんを癌で亡くしたトム・ハンクスが、"It isn't fair." と嘆く場面がありました。

同様の表現 "It's not fair." も含めて、この言い方は、私が現地で聞いて英語らしいと感じたフレーズの中の一つです。

「そんなのフェアじゃない、不公平だ、あんまりだ」といった意味。
　子供同士の会話ならば、「ずるいよ」とも言い換えられます。

キリスト教の影響なのでしょうか、欧米の人たちには、"fair" であることにとりわけ強いこだわりがあるように感じます（さらに付け加えれば、「ウソをつかない」ということにも）。
　そんな訳で、ひとたび口に出すと相手に強く訴える力を持つ、かなりビッグな存在と言えるでしょう。

交渉の席でも、この表現は切り札となり得ます。そ

れまで強硬な姿勢を崩さなかった相手もついには折れ
て、ある程度の歩み寄りを見せてくるかも知れません。

　とはいえ、乱用は禁物！
「『論理』では勝てなくなったので『倫理（？）』に訴
える」といったアプローチのため、こちら側の攻め手
がなくなったことを見透かされたり、やり方が
"childish"だとの印象を与えたりしかねないからです。

　やはりビジネスの場では、主張をとことんぶつけ合
い、最後にお互いが"Fair enough."（結構です、同
意します）で締めくくる、という状況が望ましいのは
言うまでもありません。

10. 魔法（！）の『メロン』

　もともと私はクルマの設計開発エンジニアでしたので、生の英語に接するようになったのは、三十路に入り、希望して海外部門に異動してからのことでした。

　そんな遅咲き（？）の英語人生だったため、英会話に関わる失敗談には事欠きません。

　日本に出張して来た米国人スタッフとの打合せが終わり、帰国のため席を立つ彼に "Be careful!" と声を掛けて、目を白黒されたことがあります。
　自分では「お元気で」と言うつもりだったのですが...。
　そう、正しくは、"Take care（of yourself）." と言うべきだったんですね。

　それにもめげず、間違ってもよいからとにかく口に出すという、「映画で学ぶ英会話」ならぬ「"失敗" で学ぶ英会話」を地で行ってきた次第です。
（自慢には全くなりませんが...）

　発音にしてもしかり、でした。

　初めてアメリカ西海岸に出張した時、ホテルのブランチでデザートにmelonをオーダーしたところ、なんと"milk"が出てきました。
　その後も懲りずにトライしたものの、メロンを頼む作業はいつも不首尾に。

　日本であるとき会社の先輩にそんな話をしたところ、彼いわく「そういう時には"cantaloupe"と言えばいいんだよ」。メロンの代表的な品種名（キャンタロープ）で行こうという作戦です。

　次回の出張で試してみると、これは見事に成功！

　どこの国でも通じるかは保証できませんが、私には"魔法の言葉"の一つとなっています。

11. 前向きに検討します

　以前、オーストラリアでの貸家探しの話で、"I won't let you down." のニュアンスの曖昧さについて書きました。

　英語圏では何でも "Yes." "No." と白黒がはっきりした答え方をするかというと、意外にそうでもないというのが実感です。

　その代表例として、"I will see what I can do." との言い方が思い浮かびます。

　直訳すれば「私に何ができるか考えてみましょう」ですが、往々にして自分には何もできない、またはするつもりがない場合に使われます。
　つまり、無下に断るのは失礼 or 可哀そうだと思った時や、とりあえずその場を収めたい時に結構よく使う表現なのです。

　というのも、「考えてみたが、やはり駄目だった」と言える訳ですから...。

　私も幾度となくこのフレーズに出くわしましたが、その経験上、相手からこれが出たときにはあまり期待しないようお勧めしたいと思います。

　これに近い意味の日本語といえば、「検討します」でしょうか。

　通訳者泣かせだろうと常々私が思っている日本語が、「前向きに検討します」。
　文字通りに訳せば "We will review your proposal positively." や "We will give positive consideration to your proposal." などでしょうが、これでは原文の持つ社交辞令的なニュアンスは表せず、誤った期待感を抱かせてしまいそうです。

　もっとも、多くの場合は、こちらの真意がはっきり伝わらない方がむしろよいのかも知れませんね。

12.『省略語』あれこれ

　カナダ駐在時代のことです。

　あるとき同僚に少額を立替えました。お返しに彼が
よこしたメモ、そこには "IOU" の文字と金額が．．．。
　何の意味かと聞くと、"I owe you." すなわち「借用
証」だとの説明で、なるほどと思ったものです。

　このような読み方に文字を当てはめた例は珍しいも
のの、頭文字で作った省略語は実によく目にしますね。

　ちょっと考えただけでも DIY（Do It Yourself）、FAQ
（Frequently Asked Questions）、VIP（Very
Important Person）など。やや複雑なもので ASAP
（As Soon As Possible）や AFAIK（As Far As I
Know）に、映画『007』の題名にもなった FYEO（For
Your Eyes Only：極秘）。
　コンピュータの世界では WYSIWYG（What You
See Is What You Get：「ウィジウィグ」）などという
ものもあります。

　少々ローカルな用語では、オーストラリアの "BYO"

もその一つです。"Bring Your Own." の略で、同地で
は酒類の提供にライセンスが必要なためレストラン側
はお酒を出さず、お客が外で買って持ち込むというス
タイルのお店が多くあるのです。

　慣れるとこれも、なかなか合理的なシステムでした。

　映画の中では、『めぐり逢えたら（Sleepless in
Seattle）』で、息子の友達（女の子）が手紙に "MFEO"
と書く場面がありました。"Made For Each Other"
（お互いの為に造られた：運命の相手）の略なんだそう
です...。

　そして極めつけは "Y.O.H." で、その心は、"Your
Only Hope" とのこと。

　はてさて、こうなるとクイズに近いかな？

13.『省略語』あれこれ：Part 2

　私が仕事で海外と交信を始めた頃はファクシミリの登場前で、「テレックス」（懐かしい！）が専らの通信手段でした。

　文字の数に応じて料金が掛かるため、省略語をどう上手く使って少ない字数で用件を伝えるかに腐心したものです。

　当時の用語はメールや SNS の時代となった現在でも、数多く使われていますね。

　代表例は、"PLS（Please）"、"THX（Thanks）"、"FYI（For Your Information）"、"BTW（By The Way）"、"TBD（To Be Determined/Decided）"、"ETA（Estimated Time of Arrival）"、等々。

　駐在時代に出会った変わり種では、"R.S.V.P." がありました。フランス語の Répondez s'il vous plaît（「ご返事願います」の意味）の略で、出欠等の返事を求めるためにパーティなどの招待状の末尾に記されます。

　（"V.S.O.P." ではありませんので、念のため... と、

これは "JK（Just Kidding)" です）

　アメリカでは週末前になると、"TGIF" という言葉が職場のあちこちで飛び交います。
"Thank God! It's Friday." の略で、「やったぜ、今日は花金だ！」との意味。
　この気持ちは洋の東西を問わず変わりませんね。

　全く異質の省略語ですが、無線通話用『Ten-Code』リストの用語も耳にしました。"10-4（テン・フォーと発音)" という略号で、「了解」の意味で使われます。
　ETM の映画教材『あなたは私の婿になる（The Proposal)』で初めて聞いた "What is his twenty?" もこのリストの "10-20（「場所」)" からきた表現。「彼は今、何処にいる？」の意味だそうです。

　それでは、今日はこの辺で、"TTYL（Talk To You Later)" としましょう。

14.『余裕がある』とは...

　最近観た往年の名画『三つ数えろ』に、こんなセリフがありました。

"I can't afford to be seen with you." というもので、字幕は「遠慮しておくよ」。
　相手と自分のつながりを犯人側にさとられるとまずいという場面でした。

　ここでの "afford" は以前に触れた "deserve" と同様に、駐在時代に現地で聞いて、英語らしい、応用の利く言葉と感じたものの一つです。

『ローマの休日』の中でカメラマンの Irving が言ったのは、"Yeah, you can afford it."（そう、君はそれに充分な金を持っているよな）。

　多くの場合はこのように、金銭面などで「～する余裕がある／～しても大丈夫だ」として使われますが、最初に挙げた例のように「（自分にとって不利益／不都合を生じずに）～することができる」の意味でも使える、結構ひねりを効かせられる言葉だと言えます。

"afford"の形容詞は"affordable."「手頃な、手の届く、無理なく買える」という意味で、商品のキャッチコピー（sales copy）などで見掛けますね。

　自動車メーカーＮ社で私が開発の一端に関わったクルマが、欧米で"An affordable sports car"とのcompliment（賛辞）を受けたのは嬉しい経験でした。

　一度でよいから使う立場になってみたいと思った言葉が、"You can't afford me."（私の報酬は高すぎてあなたには雇えないでしょう）。

　反対に、使う必要がないことを願っているのが、"I am too poor to afford it."

　少なくとも今後、私が使えそうな言葉としては、"I can afford the time to see a lot of movies."といったところでしょうか...（笑）

15.「マック」の『コーン』とは？

　初めての駐在でカナダに赴任した直後、家族が到着するまでの単身生活時代の失敗談です。

　近くのMcDonald'sに夕食をとりに行きました。ウン１０年も前の、日本ではマックの店舗はまだほんの数えるほどしかなかった頃です。

"Big Mac"や"Quarter Pounder"といった商品名と値段が記されたメニューボードの最下段には、"Smile … Free"（「笑顔」は無料です）の表示が...。
「さすがに『本場』はしゃれているじゃないか」、などと感心したものです。

　それはさておき、メイン・ミールと飲み物を注文した後、何かもう一つ欲しいなと探した時に目に入ったのが、「コーン」という名の商品。なんとなく「茹でたトウモロコシ」のイメージが頭に浮かび、迷わずそれを注文しました。
　しばらくして、"Here you go."の掛け声と共にカウンターのお姉さんから手渡されたのは...、想定外の、「ソフトクリーム」！！

　よくよくメニューボードを見直してみると、そこにあったのは、"Corn"ならぬ"Cone"の文字でした。

　そう、「(円錐形の)『コーン』に盛ったソフトクリーム」の意味だったのですね。"Soft serve (ice cream)"―(ソフトクリームの英語名)―の表示は見当たらなかったとはいえ、スペルに注意すれば分かったはずなのに、何とも初歩的な勘違いでした。

　え？ソフトクリームの方はどうしたか、ですって？

　もちろん...、「ウン、私はこれが食べたかったんだよ」という顔でそのまま受け取り、美味しくいただきましたよ。

16. 全部上げるよ

　英語には日本語のような「丁寧語」がないという話を聞きますが、そこは人と人とで成り立つ社会のこと、言い方によって丁寧さを表わせることは改めて述べるまでもありません。

　何かを頼む時の言葉一つをとっても、"Could you ......?"、"Would you ......?" や "Would you mind......?"、さらには、"I was wondering if you could ......" やら "Would it be possible for you to ......?" 等々、丁寧さの度合いに応じていろいろな形が使い分けられますね。

　少々フォーマルな場面では、「受身」の形で丁寧さを表わすこともあります。

　例えば空港や機内のアナウンスで耳にする "Passengers are requested to ......"（乗客の皆様、どうぞ〜をお願いします）や、パーティの招待状の決まり文句 "You are cordially invited to attend ......"（〜へのお越しを心よりお待ち申し上げています）など。

　ビジネス文書ではこうした遠回しな受身形を数多く使いますが、相手を中心にした言い方（＝"You Attitude"と言います）をすることで、丁重な感じが伝わるのだそうです。

　さて、「遠回し」的な表現と言えば、その一種と考えられるもので私が興味深く感じ、耳から覚えた言い方が、"It's all yours."でした。
「みんな君のものだよ」が「全部君に上げるよ」に。さらにシチュエーションによっては、「全てを頼んだよ」や「君に任せたよ」の意味にもなるのです。

　任期満了で帰国する際、進行中のchallengingなテーマの引継ぎを終えた後で、相手のカナダ人マネジャーに私が言ったのがこの、"It's all yours."

　その時の彼の、誇らしいような、少し困ったような表情が今もちょっぴり可笑しく、そして懐かしく目に浮かんできます。

17. ナイス・ショット！（？）

　英語圏でゴルフをして知ったのは、日本との言い方の違いでした。

「ニアピン」が"closest to the pin"、いわゆる「OKパット」は"gimme（give meの略)"、「スライス・ライン」は"break to the right"、「ホールインワン」は"ace"、といった具合です。

　中でも最もよく耳にするのは、よい当りをした時の掛け声。
　彼らは"Good shot!"と言い、我々のように「ナイス・ショット！」とは言わないのです。

　そういえば日常生活の中でも、頑張って成果を挙げた人に対して"Good job."と声を掛けますが、"Nice job."という言い方はしませんよね。

　こんな風に"good"と"nice"に目を向けると、例えば"Good for you."（よかったね）や"It's nice of you."（どうもご親切に）のように、似たような言葉でありながら、実はしっかりとニュアンスの違いを

持っていることに気づきます。

"He is a good person." で「彼は（善良な）よい人だ」。一方、"He is a nice person." と言えば、「彼は（性格が）よい人だ」となるのもその一例です。

　英英辞典の "good" の項には of a high standard/quality, skillful, successful /correct, suitable, useful とあり、"nice" に関しては pleasant, attractive /enjoyable, friendly などと記されています。

　また、"good" は「客観的な」良さを、"nice" は「主観的な」良さを示す表現、といった解釈もできるようです。

　そうそう、私の体験したオージー英語には、"Good on you." という表現がありました。

"Good for you." に近いが少々異なり、"おめでとう！／よくやった！／えらいぞ！" といった意味で日常的によく使われます。

　あっ、ご存知でしたか？... "Good God!"（ああ驚いた！／ああうれしい！）。

18. しまっていこうぜ！

　緯度の高いカナダでは夏冬の日照時間の差が大で、３月半ば〜１１月初めの"daylight saving time"（サマータイム）期間中は日が大変長くなります。

　例えばバンクーバーの日没時間は、夏至前後では午後１０時頃にも。

　従い、日々の過ごし方もサマータイム中とそれ以外では正反対です。
　夏場はとことんアクティブに活動する時。会社からゴルフ場に直行して１ラウンド回るのも可能ですし、多くの人がoutdoor activityで一日を楽しみます。

　私の場合、そうした活動の一つが会社の仲間とのソフトボールでした。

　週１回、仕事の後に男女混成チームで練習試合を。
　丸太ん棒のような腕からのホームランもあれば、トンネルやボールが頭上を素通りなども。技量の程は千差万別ながら、試合後のビールの味には格別なものがありました。

　そんな中で耳から覚えた英語表現が、"sit tight" です。

　相手チームの出塁が続いたピンチの場面で、守備陣が "Let's sit tight!" と声を掛け合います。辞書では「しっかり腰を据える」や「じっと動かずにいる」といった訳ですが、こうしたシチュエーションでは、「しまっていこうぜ！」が私には一番ピッタリくる感じでした。

　その懐かしいフレーズに、実は先日、久方振りにETMのレッスンで出会ったのです。

　映画『ウォール・ストリート（Wall Street）』で、当てにしていた資金が届かず心配する研究所長に主人公が掛けた言葉が、"Okay. Just sit tight."

「あわてないで待っていてくれ」と彼が言った場面ですが、その時ふと、あの遠い日の風景が目に浮かんだのでした。

19.『自滅しやがった』

　映画『ローマの休日』で、"blow-up" という言葉を聞きました。

　そこでの意味は写真の「引き伸ばし」。元のネガより大きく焼付けることでしたが、フィルム要らずのデジタル写真が主流となった今では、この使い方も "development" の持つ「現像」の意味と共に、遠からず死語となることでしょう。

　ともあれ、この "blow up" は、「（風船などを）膨らませる」から始まり、「爆発する／壊れる」に、さらには「自滅する」「失敗する／させる」や「台無しにする」といったところまで、結構、幅広い意味に使われる言葉です。

　カナダ・トロントに在住の頃、ご当地のMLBアメリカン・リーグの球団Toronto Blue Jays*が地区シリーズで優勝し、球団史上初めてプレーオフに進んでLeague Championshipを争うことになりました。（*："blue jay" は「アオカケス」の意味です）
　相手は米国カンザス州の強豪チーム、Kansas City

Royals。

　期待に違わずJaysが2連勝と、あと1勝でWorld
Series出場という「王手」をかけた後に、なんと2連
敗！　…2勝2敗の、もう後がない最終戦に応援に行き
ました。

　球場はBlue Jaysファンで超満員の盛り上がり。
　ところが、地元の利のはずなのに、初めて経験する
大勝負のせいか信じられないミスの連発で、ついにゲー
ムセット。

　翌朝の新聞で、目に飛び込んできた見出しが、"They
Blew Up"でした。

　平たく言えば「奴ら、自滅しやがった」となるでしょ
うか。この時の無念やるかたない気持ちをよく表し
ていて、今でも記憶に残っている言葉です。

　ちなみにBlue Jaysはといいますと...、その7年後
に初出場でWorld Seriesを制し、見事、悲願の
"World Champion"に輝いたのでした。

20. カウンターでの『面接テスト』

　もう一つ、北米のハンバーガーショップでのお話を。

　その昔はどのチェーン店もメニューボードが「セット表示」ではなく、品物を一つずつ注文するやり方でした。英語のおぼつかなかった頃は、カウンターでオーダーする度に、日本で受けた英会話の面接テストを思い出して緊張したものです。

　まずは、"For here or to go?"（ここで食べますか、お持ち帰りですか？）をきちんと聞き取れれば最初の関門はクリア。

　次にメインとサイドオーダー、飲み物の注文と続き、最後に"Will that be all?"や"Will that be it?"（以上でよろしいでしょうか？）ときたら"Yes."と答えてめでたく合格（??）となる訳ですが、ピクルスの有無やソースの種類も含めて、早口の発音でポンポン聞かれると結構あせりましたね。

　そうした中、あるMcDonald'sのお店でこんな場面に出会いました。

　５、６才の女の子が飲み物の入ったCupを受け取って、家族のいるテーブルに戻る途中、何かのはずみで落として中身をこぼしてしまったのです。べそをかいた女の子と、あわてた周囲の顔と顔．．．。

　しばしの静寂の後、泣き出しかけた子の手元に素早く差し出されたのは、全く同じ、新しい飲み物でした。　．．．　すっかり笑顔に戻った女の子の横には、つい先ほどはカウンターにいたマックのお姉さんの姿が。

　"Nobody Makes Your Day Like McDonald's Can" のsloganの下、当時、接客の良さで評判だった "Mickey D's" －（「マック」に相当する英語版の愛称）－では当り前の対応だったかも知れませんが、小さなサービスが皆の心を温めてくれた出来事でした。

21. ところ変われば…

　私が住んだカナダとオーストラリアは、共にエリザ
ベス女王を国家元首と仰ぐ Commonwealth（英連邦）
の一員ということで、似通った点が多くみられるもの
の、違うところも、もちろんですが、結構あります。

　こと英語表現に関してもしかりでした。

　初めてオーストラリアに到着して、街中に向かう行
程でまず目に入ったのは、"Way Out" と "To Let"。
　それぞれ空港と市街地で見かけた表示で、イギリス
式です。カナダではこれらにはアメリカ式表示の、
"Exit" と "For Rent" を使っていました。

　ファーストフード店の「お持ち帰り」もカナダが "to
go（または takeout）" ならばオーストラリアは
"takeaway"。「ケチャップ」は "ketchup" 対 "tomato
source"、「フライドポテト」では "french fries" 対
"chips"、「紙幣」が "bill" 対 "note"、そして「ガソ
リ ン」は "gas"（または "gasoline"）に 対 し て
"petrol"、…　　等々。

『Chuck の体験的比較言語論（??）』に基づく私の独善的な観点で言うならば、英語の「語彙」に関する近似性は、「イギリス」≒「オーストラリア」〜〜「カナダ」≒「アメリカ」といった図式で、その『分水嶺』は "オーストラリアとカナダとの間" に存在する、となります。

　一方、「スペリング」についてはこれと様子が異なり、「イギリス」≒「オーストラリア」≒「カナダ」〜〜「アメリカ」と、その『分水嶺』は "カナダとアメリカの国境" に移ってきます。例えば「劇場」や「中心」はカナダでもイギリス式に "theatre"、"centre" と表わし、「ウィスキー」も "whiskey" ではなく "whisky" と書くのです。

　こうした近似性の差異は、「語彙」については地理的な要素の、「スペリング」では歴史・文化的な要素の影響をそれぞれ、より強く受けてきたために生じたものと思います。

　さらにオーストラリアでは、"有袋類" よろしく英語表現にも独自の『進化』が...。
　この辺についてはまた別の機会にということで、...、"Hooroo（= Goodbye）."

22. あの『パイ』をもう一度

　映画『新しい人生のはじめかた（The Last Chance Harvey）』で、"eat humble pie" との言葉を知りました。

　その意味は「（謝罪といった形で）屈辱を味わう／恥をしのぶ」というもの。元々は "eat umble pie" から変化した表現で、昔、王侯貴族が鹿狩りの後で、自分達は鹿肉を食べ、臓物（umbles）を猟師や従者に分け与えたことからきたのだそうです。
　アメリカ英語にも同様な意味の "eat crow" という言い方があり、なかなか面白い類似だと思います。

　とはいえ、日本の「モツ鍋」や「モツ煮」が美味しいのと同様に、"Umble pie" も本当はそれ程まずくなかったのでは？　と私は勝手に想像しています。

「内臓を使ったパイ」の一例は、イギリスや豪州の名物料理 "Kidney pie"。パブやレストランの定番メニューですが、牛や豚の腎臓を使っていて、これは実際のところ、少しばかり複雑な味でした。

　さてオーストラリアを代表する庶民的な食べ物と言えば、何と言っても "Meat pie"（ミートパイ）。

　温めて手軽に食べられるということで、昼食やスナックそしてパーティで大活躍と、いわば日本人にとっての「おにぎり」と同様のポジションをオージー・ライフでは占めているのです。

　ゴルフ場でのOUT→INの移動時や "Footy"（=Australian Football）観戦中にビール片手にパクつく、こうした情景が懐かしく思い出されます。

　それだけ生活に馴染んでいる訳ですから、"Pie" を使ったAussie英語ももちろん存在します。それは "You are a bloody pie-eater." というもの。

　但し「お前は最低な奴だな」の意味なので、Meat pie を美味そうに食べている友人に全くの冗談といった感じで言うくらいにして、ゆめゆめ赤の他人に向かっては申されませんように...。

23. レッツ "speak up" !

　ある国際会議でイギリス人の議長が、「今日の私の役目は、インド人にしゃべらせないようにして、日本人に発言させることだと考えています」と挨拶したという記事を見かけました。

　ご当人一流のBritish humorとはいえ、ことほどさように、英語の会議における日本人の遠慮深さ（？）は広く世界の知るところとなっているようです。

　けれども、沈黙イコール「了解した」や「意見がない」とみなされる文化圏では、その結果、こちらがくやしい思いをすることになっても文句は言えません。

　このような事態を招かないためには、とにもかくにも、自分の考えを口に出して "speak up" すること、というのが私の持論です。英語の上手下手は二の次でもまずはOK。Non-nativeの外国人達は自国語訛りの強い英語で平気で話し、それを当然のこととして互いに受け入れ合っているのですから。

　私が自動車メーカー勤務の時代に、米国に出張した時のことです。

　テネシー州の某工場で技術担当の日本人駐在員と一緒に仕事をしました。

　その時大いに感心したのは、お世辞にも誉められない、とびきりのBroken English（失礼！）にも拘わらず、彼が米人スタッフとうまくコミュニケーションをとっている光景でした。

　「あの英語でどうして通じるんだろう？」と不思議に思い、よくよく考えた末に行き着いた私の結論は、「臆せず、思ったことをメリハリの聞いた声で話す」という彼の姿勢にある、というものだったのです。

　そんな体験も加わって、「話さなければ伝わらない、話せば何かが伝わる。"Let's speak up!"」　が私のスローガンの一つになったのでした。

24. ある時は○○、またある時は...

海外で仕事をしている中で、度々、耳にしたフレーズ
があります。

"The good news is ○○○. The bad news is △△
△." という言い方。
　ちょっと気の利いた感じ（？）がするからなのか、
英語圏では好んで使われる表現です。

　多くの場合このように "Good（良いこと）→ Bad
（悪いこと）" の順ですが、これはよくないことを伝え
る際に少しでも印象を軽くできるといった効果を期待
してなのでしょう。
　例えば上司に失敗を報告する際の、涙ぐましい工夫
の一つとして...。
　確かに、英文レターの書き方にも「いい知らせをま
ず先に、悪い知らせの前に書く」とのTipがあること
から、この順序は理にかなっているようです。

　さて、これを「２つの文章を対比させた」表現方法
としてとらえてみると、同じようなスタイルを結構、
耳にしていることに気付きます。ETMの教材映画をち

ょっと眺めただけでも、次のようなバリエーションが
見つかりますね。

"One minute, you're an attorney. The next,
you're an imbecile."（弁護士だった人間が、一夜に
して知的障害者になってしまうなんて）は『心の旅』
から。

"I went for a ride this morning as an old man,
and I came back as a teenager again."（今朝、私
は老人として乗馬に出かけ、10代の少年になって戻っ
てきた）は、『ジュリエットからの手紙』の一節です。

　そういえば、日本映画にも似たような文句がありま
したよ。

「ある時は○○、またある時は××、しかしてその実
体は△△！」の名乗りのセリフで有名なのは探偵『多
羅尾伴内』シリーズ。
　今は亡き片岡千恵蔵が七変化の活躍を....　と、こ
れ以上続けると歳が判りますので、今日はこの辺で。

25.『ピカデリー』の謎（！？）

"Accent" という単語には、言葉の「強勢」のみでなく、「（地方や外国語の）訛り」という意味もあります。例えば私のような日本語訛りの英語の発音は "Japanese accent"、オージー英語が "Australian accent" といった具合に。

また、時には「言葉づかい／口調」の意味で使われることもありますね。

さて言葉の「強勢」に話を戻すと、その強さの置き方に関しては文法書で法則が解説されているものの、実際の会話では思い出す余裕もなく、耳で覚えたものに頼るしかありません。

そんな中で特に戸惑ったのは、日本で我々が普段呼んでいるものとの差違が大きい、「外国の地名」での強勢の位置でした。

初めてイギリスに出張した時のことです。

気のおけない一人旅。ロンドン到着の晩に早速、例の箱型タクシーで市の中心部に向かいました。運転手

の"Where to, sir?"との定番の問いに答えて、おもむろに"Piccadilly Circus, please."と目的地を。
　. . .　ところが、これが通じない！

　まずは「ピカデリー・サーカス」と日本式の平板なアクセントで見事に失敗。
　次に「ピッカデリ」と「カ」を強く発音してダメ、さらには語尾を強めたりなど、幾つかのバリエーションを展開したものの、相手は首を傾げるばかり。
　そんな中、半ばあきらめ顔でのdesperate attempt（必死の試み）に反応して車はようやく動き出し、今では過去形となったロゴ、『SANYO』のネオン輝くあの交差点に無事たどり着いて、一件落着となったのでした。

　それにしても一体この時、どの位置の「強勢」が効いたのでしょうか？
　それが、. . . . .　未だに思い出せないままなのです。

26. 何処だったっけ？

　会話などが何かで途切れて、再開しようとする時に使う言い方があります。
　"Where were we?" というもの。文字通りでは「どこにいたのかな？」ですが、こうした場面では「どこまで話していたんだっけ？」の意味になります。

　小さな子供を乗せたドライブで、後ろから可愛い声が飛んでくるのは、"Are we there yet?" 「もう着いた？」とか「ねぇ〜まだなの？」との催促です。

　"where" や "there" を使った言い方は場所のみでなく、物事の進み具合にも使われますね。
　映画『幸せへのキセキ（We Bought a Zoo）』での主人公の言葉は、"We are not there yet."（まだその段階ではないんです）。　買い取った私設動物園のトラがまもなく最期を迎えそうだとの場面でした。そしてその反対といえば、"We are almost there."（もうすぐ終わります／あと一息です）。

　場所に関わる言葉で仕事上よく耳にしたのは "start from scratch" なる表現。

「ゼロから始める」や「白紙に戻す」という意味なので、これが出てくると相当な作業を覚悟しなければなりません。競走に際して「棒などで地面を引っかいて（=scratch）スタートラインを書く」ところから生まれたものです。

　それ以上に悲劇なのは、"back to square one" といった事態。「最初に戻る（原点に返る）」ことなので、それこそ一からのやり直しを意味します。

　これは双六のようなゲームで、進んで行く四角のマス目（=square）の一番最初に戻る→「振り出しに戻る」ことから来た言葉なのだそうです。

　そんな羽目に陥らないために、くれぐれも計画は常に "on the right track" な（正しい方向に進んでいる）ことを把握しておくよう心掛けたいものです。

27. ものは言い方次第で...

　往年の銀幕の美女で、ハンフリー・ボガート夫人になったローレン・バコール。

　低くハスキーな声と上目遣いの表情から、"The look"のニックネームで一世を風靡した女優です。因みにこの表情は初めて出演する映画のスクリーン・テスト中に緊張して、震えを隠すために取ったポーズだったのだそうです。

　"look"という単語を使った表現は枚挙にいとまがありませんが、私の体験上最も印象が強いのは"Look at you!"でした。直訳すれば「あなた自身を見てみなさい」ですが、状況や言い方で意味が大きく変わる英語表現です。

　例えば、女性が綺麗なドレスを着ている友達に"Look at you!"と言えば「あら、そのドレス素敵ね！」。けれども時と場合によっては、「その態度は何だ！」や「何だ、そのみっともない恰好／顔は！」にもなるので、その場のシチュエーションや言う人の表情で真の意味を理解する必要があります。

　映画のセリフでは、『心の旅』での "Ah, look at you.
Brings out your beautiful eyes."「(そのセーター)
とても素敵ね。あなたの綺麗な瞳を引き立てているわ」
などがありました。

　ちょっとした変化球としては、『新しい人生のはじめ
かた』での "Let me look."「(今日の君は) とっても
綺麗だよ！」といった言い方も思い出されます。

　そして、私が出会ったシチュエーションはといえ
ば...、優良自動車ディーラー表彰式の後での "black-
tie"（準正装）の夕食会に出席した時に会社の女性ス
タッフから掛けられた、"Look at you!" の一言でし
た。

　それが「素敵ですね」の意味だったか、またはその
反対で、レンタルのタキシードを着込んだ私が "七五
三スタイル（??）" に見えたからだったのか、
　... その辺はどうぞご想像の範囲で。

28. "XYZ" と言われたら…

　初めて海外出張した際に、アメリカではティッシュ・ペーパーを "Kleenex" と呼ぶことを知りました。「コピーする」を "Xerox"（ゼロックス）と言うことも。

　駐在時代に子供達に大人気だった家庭用ゲーム機は "Nintendo"。そう、日本製ファミコン（Family Computer）の北米での通称でした。
　粘着テープは "Scotch tape"、マジックテープは "Velcro tape" などと呼ばれていました。

　このように元々は商品名や商標だったものが普通名詞化した例は、古くは４輪駆動車の "Jeep" や戦車用「無限軌道」の "Caterpillar" から、現在の "Tupperware" や "Band-aid" に至るまで、日常的にかなり多く耳にしますね。
　海外で普通名詞となった日本発祥の商品を挙げても、ファミコンに加えて "Walkman" や "Cup noodle"、"Sea chicken" などが思い浮かびます。

　一方で、我々は普通名詞のつもりで使っているが実は特定の商標や商品名であり海外では通じないという

ものもあります。

　その代表格は「ホチキス」。英語ではstapler（動詞はstaple）と言います。最初の駐在で赴任早々、この呼び名が分からず、秘書に頼むのにまごついた記憶は今も鮮やかです。

　さて、我がニックネームと同音の、衣服に使う「チャック」はどうでしょうか？

　実はこれは日本の会社の商品名であり、海外では通用しません（“巾着”の『ちゃく』をもじった命名とのこと）。英語圏ではzipper、またはzipと言うのです。

　このzipperに関わる表現に“XYZ”なるものがあります。

　そのココロはといえば... “Examine Your Zipper.”「『社会の窓』が開いてますよ」と人に教える時の言い方です。

　幸い、私は言われた記憶はございませんが（笑）

29. いい質問ですね！

　時事問題を分り易く解説することでお茶の間に人気のジャーナリストA.I.氏。

　彼の決め台詞は「いい質問ですね！」。　この一言を引き出そうとゲストの面々が気の利いた質問を競い合うのも番組の見どころの一つのようです。

　このフレーズを英語にすれば "That's a (very) good question." となる訳ですが、実際の会話でこう言った場合、ニュアンスが少々異なって聞こえます。
　もちろん、文字通りの意味もなくはないものの、意表をつかれた質問や即答するのが難しい、または答えに困るような質問を受けたときに使う、いわば、「難問に対する "時間稼ぎ" の返答」といったケースがむしろ多いのです。

　また、会議やプレゼンの席などでまじめな顔でこう答えると、ちょっととぼけた、ユーモラスな感じが出て、周りから笑いが湧くといった予期せぬ効果を生むこともあります。
　とは言え、シチュエーションによっては「上から目

線」の物言いともとられかねませんので、注意して使うに越したことはありません。

　それでは、本当に「いい質問ですね！」の意味で言いたいときはどうしたらよいのでしょうか？

　私の経験から申せば、こちらの表情とアクセント（強勢）の付け方がキーポイントになるようです。すなわち、「よいことを聞いてくれましたね」の気持ちを顔に表わし、very と good と ques- に強勢を置いて、That's a very good question! と言う、... これでまず大丈夫！

　洋の東西を問わず、何事も "sincerely and wholeheartedly"（真心を込めて）に行えば、間違いなく相手に伝わると思うのです。

30. 『部分否定』の落とし穴

　交通網の発達で文字通り "It's a small world!" になっているとはいえ、国境を越えて入ってくるものに制限を設けている国も少なくなく、そこからお国柄やその国の事情を伺い知るといったこともあります。

　例えば他の大陸から隔離された酪農国オーストラリアでは、海外からの持ち込み物の病虫害に非常に神経を使っています。

　現在は廃止されていますが、私の駐在当時、カンタス航空の機内では到着直前にクルーがキャビンを歩きながら消毒用のスプレーを乗客の頭上に噴霧するのが習わしで、"Australian Welcome Dance" などと揶揄されていたものです。
　日本からのお土産の「のりたま」ふりかけが、袋に鶏のイラストがあるだけで税関で没収の憂き目にあったとの話さえも...。

　最初の赴任地カナダの場合は、大国アメリカと陸続きで接することもあって、自国経済への影響を避けるために、居住者が帰国する際の持込み品の免税限度の

金額が国外での滞在日数に応じて決められていました。
　この限度額は今でこそ大分緩められたようですが、その昔はかなり少額で厳しいものでした。

　３日間のlong weekend（通常より長い週末休み）を使って家族でアメリカをドライブした帰路、夜10時近くにナイアガラの国境に着きました。運転席の窓越しに覗きこんだ税関女性の「申告するものある？」との問いに、うっかり口にした言葉が...　"No, not really."
　"No, not at all." でなく「いや、そんなでもないです」との答えだったことから彼女の眼が光り、買ってきたお土産はもとより使用中のカメラまでチェックされる事態に。

　幸い、後部座席の子供たちの寝顔も手伝って、その場は口頭注意で済みましたが、中途半端な否定はトラブルの元との教訓を実地で学んだ旅行となったのでした。

31.『多い』のか、『少ない』のか？

　生の英語に接する機会を得たのは30才以後といって
も過言ではない私にとって、海外勤務中に初めて耳に
して戸惑ったり、興味深く感じたりした表現は数多く、
それだけにその一つ一つが強く記憶に残っているよう
に思います。

　その一例が、"quite a few" というフレーズでした。

「少ない」の "few" に「すごい」、「多くの」、「相当
な」といった "quite a" がつく訳ですから「大変少な
い」の意味かと思いきや、どっこい実際はその反対で
「かなり多くの」だったのですから、まごつくのは無理
もない．．．ですよね。

　ある解説によれば、quite" は「かなりの」を示し、"a
few" は「少しはある」の意味なので、"quite a few"
で「少しはある状態が、かなりの数集まっている」と
なり、結局、多いことを意味するのだそうです。
　数えられないものが対象の場合には、「量」を修飾す
る "quite a little" や "quite a bit" が使われます。

　さらに度合いを強めた形としては "quite a lot (of)"「極めて多く（の）」が挙げられますが、これは言葉の通りに意味が推測できる、いわば正攻法（？）の表現と言えるでしょう。ちなみに私は "quite many" も耳にした記憶があるものの、これはあまり自然な言い方ではないようです。

「かなり多くの」を表す別の言い方としては "a good few" や "not a few" もあり、一方で "only a few" や "just a few" となるとその反対、すなわち「ごく僅か」や「ほんの少し」の意味になる、というのが英語のややこしいところ。

　こうしたバリエーションを間違えずに使いこなすのは、それこそ、"quite a challenge"（相当困難なこと）と言えるのではと思うのです。

32. 幌馬車隊は行く

　駐在時代に同僚との会話で、"Welcome to the club."と言われたことがあります。

　直訳では「当同好会へようこそ」なので、一瞬、面食らった訳ですが、実際の意味は「私もあなたと同じ状況／境遇です」「こちらも同じです」というもの。

　これと同様の表現をしばらく前にETMの教材『新しい人生のはじめ方』で、"Join the club."の形で聞き、懐かしく思い出した次第です。

　通常は、あまり好ましくない状況や境遇の場面で使われる表現のようです。

　この映画では、アメリカ人の主人公が「今日は全くひどい1日だったよ」とぼやくと、イギリス人の彼女が「私も同じよ」と。その後「仕事はクビになるし、娘はバージンロードの介添え役を僕ではなく義理の父親に頼むし、...」ときて、彼女が、"You win."「あなたの勝ちよ（私よりもっとみじめなのね）」と降参するという、いうなれば"不幸せ度比べ（??）"といったシーンでした。

「私も同様です」の表現には他にも "Me, too." "We are the same." "You are not alone." 等々、いろいろな言い方がある訳ですが、もっと強く、運命まで含めて同じとなると、ご存知、"We are in the same boat." に行き着きますね。

　日本語で言えば、「我々は一蓮托生だ」といったところでしょうか。

　そして、映画『あなたは私の婿になる』でその極め付きともいえるバージョンに出会ったのです。
"My wagon is hitched to you." というもの。アメリカでよく見かけた、車の後ろに幌馬車ならぬboatやcargo carrierなどをtrailer hitch（牽引用の連結装置）で引いて走る光景が目に浮かび、リアルな表現だと思いました。

　でも実際に聞くとストーカーっぽく感じて、文字通り "引いて" しまうかも...。

33." 指 " は口ほどに...

　先日読んだ「外国人が『日本に長く居すぎたな』と
感じる時は?」との記事に、「写真を撮る際にピースサ
インをするようになったら」というのがありました。

　言うまでもなく日本人が好んでするポーズを冗談め
かしたものですが、これは俳優のJ.I.氏がある場でやっ
たのがその後広まったのだそうです。

　英語圏では撮影時こそしないものの、昔から勝利
(victory)のアピールを示す"V sign"として使われ
ており、平和を祈るサインとしても用いられます。
　但しその「向き」は極めて重要で、英国や豪州、ニ
ュージーランドでは手のひらを内側に向けると侮蔑や
卑猥の意味になってしまうのでご注意を。

　こうした指によるジェスチャーは、言葉によるコミ
ュニケーションを重視する欧米でも広く使われていま
すね。例えばこぶしを握り親指を上に立てて"OK"や
"Good!"を表わす仕草。
　映画『グラディエーター』で、ホアキン・フェニッ
クス扮する皇帝が大闘技場で、親指を上に立てる

（thumbs-up）か下に向ける（thumbs-down）か迷ったシーンが思い出されます。前者であれば剣闘士が命を救われ、後者だとその場で殺されてしまう、というものでした。

　私が海外で知った一つが、"Let's keep the fingers crossed." と言いながら人差し指と中指をクロスさせるジェスチャー。
　２本の指を十字架に見立てて、「うまくいくよう／幸運を祈りましょう」と示す合図です。

「私、祈っていますよ」と伝えたい場合には、"I'm keeping my fingers crossed." と言います。

　最後にクイズを1つ。日本では「親指と人差し指でマル印」だが、欧米では、「親指と人差し指をこすり合わせて」表わすもの...、さて何でしょうか？

34. たかが『相づち』、されど...

「相づち」はいわば会話の潤滑油的な役割で、英会話学習の入口における定番の一つ。

　中でも「僕も／私もそうです」は最もポピュラーな例文と言えますが、実際の会話では意外にまごつくシチュエーションもあります。

　その一例が "Me, too." と "You, too." の使い分け。"I like movies." に対して "Me, too." とすぐ答えられても、"(It's) Nice seeing you." と言われた時に "You, too." が自然に出るまでにはある程度の「慣れ」が必要ですね。

　２つのケースの違いは、そう、「同じ」とする対象の相違。前者では "I like movies, too." 「(私も) 映画が好きです」と、主語が相手と同じだと言うのに対して、後者では "Nice seeing you, too." 「(あなたに) また会えて私も嬉しいです」と、目的語が相手と同じと言っている訳です。

　後のケースで "Me, too." と言った場合には "Nice seeing me, too." と、「(私に) また会えて私も嬉しいです」となってしまい、相手が目を白黒する結果にな

りかねません。

「私もそうです」の表現で私が耳から学んだのは、"So
＋「動詞」＋「主語」"の形。
"So am I."や"So do I."など、いかにも英語的
（？）な言い方じゃないかなどと勝手に思って、これが
自然に口から出るようになった時には何かしら英語が
うまくなったような気になったものです。

　一方で、"So＋動詞＋I"はややフォーマルで、カジュ
アルな会話には"Me, too."が合うとか、イギリス
では前者、アメリカでは後者をよく使うといった話も
聞きますので、やはり time and circumstances（時
と場合。因みに"TPO"は和製英語です）に応じた使
い分けがよいことは言うまでもなさそうです。

（前回No.33のクイズの答え：「お金」です）

35. 最上級の誉め言葉

　国賓として来日したオバマ大統領が銀座「すきやばし次郎」で安倍首相と一緒に寿司を食べて、"It's the best sushi I've ever had." と言ったそうです。
（ちなみに、この店の主人を題材に "JIRO DREAMS OF SUSHI"（邦題『二郎は鮨の夢を見る』）というドキュメンタリー映画も作られています）

　もちろん、ミシュランの三ツ星を7年連続で獲得して世界に知られる名店ですからオバマ氏の言葉は本音だったはずですが、「これまで... した中で一番〜だ」は、何かを強く褒める時の定番フレーズでもあります。
　映画『めぐり逢えたら』でも、トム・ハンクスの息子の女友達が往年の名画『めぐり逢い（An Affair to Remember)』を観て "This is the best movie I've ever seen in my life." と言うシーンがありましたね。

　この話を聞いて思い出したのが、私がオーストラリアに赴任した直後、同僚のオージーが自宅での "tea" に招待してくれた時の出来事です。
（注：彼の地ではイギリス発祥の言い方で、夕食を tea と呼んでいました）

　奥さんの手料理を美味しくいただいた後、さあ、お礼を言う場面です。

　そこで小生の口から出たのは、最上級の誉め言葉で"It was the best dish I've ever had…"と、ここまでならば何とかよかったのですが、その後にうっかり続けたのは…"in Australia."

　考えてみれば、豪州に到着して僅か４日目で、その間に私が同地で経験した食事の種類などはたがが知れたものだったのです。

　お互いがそこに気づいた時、その場にはビミョーな空気が流れたのでした。

36. 血まみれのメアリー（!?）

"Bloody Mary" という飲み物がありますね。ウォッカをベースにトマトジュースを加えたもの。その色から、多くの人を処刑したことで知られる16世紀のイングランド女王メアリー1世の異名にちなんだ命名と言われています。

「血だらけの」といういかにも物騒な言葉のため、"bloody" はswear word（罵りの言葉）との位置付けですが、私の住んだオーストラリアでは意外にも、日常のカジュアルなシチュエーションで結構耳にする言葉でした。

　例えば、「今日はえらく寒い日だな」と言う時に "It's bloody cold." さらには "That's bloody good." で「すっげーいいじゃないか」と賛同の気持ちを表わすといった具合に。言うなれば彼の地では、特に意味を持たない、言葉を強める「強意語」としての役割といった使い方をしているのでした。

　元々はイギリス英語に端を発するこの言葉ですが、そこはkoalaやwombat、そしてplatypus（カモノハシ）など固有種の生まれた国オーストラリアのこと、

その使い方も独自の進化（？）を遂げています。
　その代表格は、"Bloody oath!"。「それはいい考えだ！」と同意する、感嘆詞付きの表現です。

　とはいえこの "bloody" も決して品のいい言葉ではないため、我々は専ら聞くだけとして、親しい間柄以外には自分から使わない方が無難ではあります。

　さて飲み物といえば、私が忘れ得ないのが、最初の赴任地カナダの名物、"Bloody Caesar"。
　同じくウォッカ・ベースながら、トマトジュースに「あさり」（clam）のエキスを加えた "clamato juice" を使ったものです。そのお陰で深みが増して、一段と「大人の味」に！

　カナダに行かれた節には是非々々お試しあれ！！

37. アグレッシブであれ！

『アメリカの少年野球 こんなに日本と違ってた』という本を読みました。

　両親と共に９才でアメリカに渡ったタロー君が少年野球リーグに入り過ごした４年間をお母さんが記したものですが、歳こそ違え同じく子供と一緒に海外で暮らした経験を持つ私にとって、身につまされ、共感を覚えるものでした。

　引っ込み思案のタロー君が１年もの長きに亘った「サイレント・ピリオド」を破って初めて試合中に自ら発した言葉は、"I got it." とのこと。フライが上がった時に「僕が捕るよ！」と周りの仲間に知らせる掛け声です。

　その後コミュニケーションもとれ始め、つまずきを繰り返しつつも自分に合ったチームに出会い野球を楽しめるようになっていくのですが、少年野球にとどまらず、アメリカ社会の一端を描いた読み物としても秀逸と感じた次第です。

　どんなに下手でも積極的ならば贈られる"Good Try!"や、親から子への"I'm proud of you."での励まし。

　負けてヘラヘラしていた弱小チームを若いアフリカ系のコーチが挑戦する集団へと変えた"Be aggressive!"など、「魔法の言葉」も。

　中でも印象的だったのは、他の父親との会話を通して、「この国にはいろいろな選択肢がある。これでなければと決めてしまうのではなく、その子に合ったものを選ぶことが大切なのだ」と気付くに至るエピソードでした。

　そして、タロー君がサヨナラ・ヒットを打って仲間に"Give me five!"と祝福されるシーンでは、幼年チームの"Tee Ball"ー（ピッチャーが投げる代りにteeに乗せたボールを打つ野球）ーで期待を上回るホームランを放ち、チームメート達と"high five"（ハイタッチ）を交わしていた、駐在時代の我が息子の姿がダブって見えたのでした。

38. 優しくこすって（??）

　齢（よわい）30を大きく過ぎてから海外で生の英語に接する機会を得た私にとって、我が発音の日本式accentは何とも克服が困難な課題でした。

　駐在何年目かを迎えて英語にも少し自信（誤信？）がついてきた頃、それが無残にも打ち砕かれるのは日系企業に電話を掛けた時。
　相手先の秘書に英語で取次ぎを頼んでいる最中、こちらが名乗りもしないうちに彼女の声が日本語へとスイッチを...。向こうは気を利かせたつもりなのでしょうが、当方は「ああ、僕の英語もまだ訛ってるんだな」とガックリくる、といった経験も幾度かでした。

　「せめて『武士の情け』で、気がつかない振りをして英語で続けてくれればなあ」と思っても、そんなはかない願いなど、先方は知る由もなかったことでしょう。

　私にとって最もハードルが高かったのは "R" と "L" の区別。
　世に言う「優しく愛して」（= Love me tender.）が「優しくこすって」（= Rub me tender.）で伝わって

しまったとの冗談はともかく、"rice" が "lice" に聞こえぬよう気を使ったり、"railroad" で立往生したり、と...。

　さらには、spellingの際にも未だに時として両者を取り違えてしまうのは困りものです。

　そうそう、既に他界されましたが、勤務先の米国法人関係者に "Leroy Frye" という方がいましたっけ。同氏の名前はファーストネームだけでも日本人泣かせなのに、フルネームとなると輪を掛けて challenging に。

　教材代り（失礼！）に米人スタッフ相手に発音しては笑われながら直されて練習しましたが、お蔭で大分、矯正に役立ったように思います。

　故人に感謝し、冥福を祈って合掌、...　いや、Amen!ですね。

39. 今でしょ！

　日本でも近年とみにポピュラーなイベント化してきた Halloween。

　その際の子供達のセリフ "Trick or treat!"（お菓子をくれなきゃ、いたずらするぞ！）も、今では結構よく知られたフレーズとなっているようです。

　このような「○○ or △△」の言い方は、語呂が良いせいか、英語圏ではよく耳にしますね。例えば「のるかそるか」一つをとっても、"all or nothing," "win or lose" や "boom or bust" に "hit or miss," そして "nap or nothing," 等々が . . .。

　映画『めぐり逢えたら』でも、"Now or never." 「（それをするのは）今しかないですよ／今が最後のチャンスですよ」が出てきました。新語大賞にもなった言葉で言い換えれば、「今でしょ！」がピッタリの表現と言えます。

　これに類した言い方として、先日 DVD で観た『スペース・カウボーイ』のセリフが耳に留まり、ある出来事を思い出しました。

　そのフレーズは、"You can take it, or you can leave it."
「これでいやならやめとけ」との意味で、多くの場合、その短縮版 "Take it or leave it." の形で使われます。

　豪州駐在も４年を過ぎ，日本への帰任が決まった時のこと。
　子供達は現地で在学中のため家族を残して私だけが帰るという、いわゆる「逆単身赴任」です。
　今より小さい所をと探す中で希望の貸家が見つかり、業者にTELで問い合せている最中に相手の女性が口にしたのがこの "You can take it, or leave it."

　お客に対してずいぶん高飛車な物言いをするなと、少しカチンとはきたものの、是非共借りたい物件だったため、急遽お店に飛んで行って面談して無事 "Deal!"（契約成立）に。

　Happy endingとはいえ、やや複雑な気分を感じた体験となったのでした。

40. 忘れ得ぬ " 英国 " 体験

　出張でイギリス北部のスコットランド地方を訪れた
時のことです。

　訪問先の老舗の会社で1800年代の取引の台帳を拝
見し、まずは彼の地の歴史の重みを実感。タクシー運
転手のGoidelic accent（ゲール語訛り）の英語に戸
惑ったりしながらもエジンバラでの仕事を終え、ニュ
ーカッスルへと列車で移動しました。

　乗客もまばら、４人掛けの席を一人で占領して車内
販売のale（英国のビール）を口にしながらの、海岸線
と丘陵の眺めに心癒される２時間でした。

　そうこうするうちに目的の駅に到着。スーツケース
を引いて車両後部のデッキに移動して、いざ降りよう
としたら、．．． どうにもドアが開けられない！
　ドアを開閉するノブやボタンがどこにも見当たらな
いのです。近くに乗降客は誰もおらず、いつ列車が動
き出してしまうかと、小生の焦りは頂点に。

　すると、大分後れてデッキに出て来た紳士が、私の

肩越しに...やおら窓ガラスを手でスライドして下し、ひょいと外に手を伸ばすではありませんか。そして、車両のドア外側についているノブをひねって一丁上がり。

"Open sesame!"（開けゴマ）さながらに、ドアが開いたのでした。

　月日は流れて、先日レンタルのDVDで観た、往時の英国が舞台の映画『眺めのいい部屋（A Room With A View）』で、1つのシーンが私の目に留まりました。

　汽車が到着すると山高帽の乗客が窓ガラスを下ろし、片手を外に出してドア・ノブを操作したのです。

　「ああ、これこれ！」とあの時の記憶がflash backを...。

　それにしても、あれだけ昔のややこしい方式が当代の電車列車にも受け継がれていたなんて...。イギリス流、恐るべし！！

41. 今、おヒマ？

　とある休日の昼下がり、カナダ・トロントの街角で見知らぬ青年から、"Have you got the time?" と声を掛けられました。

　「時間を持っているか？」との聞き慣れぬ言い回しに一瞬、何かの客引きか（??）などの戸惑いがよぎったものの、彼が腕時計を見る仕草をしたので、時刻を尋ねているのだと納得。

　そこから先は問題なく会話が成立した訳ですが、「今、何時ですか？」＝ "What time is it now？" という、学校で習った stereotype（固定概念、型にはまった考え方）の表現しか頭の引き出しになかった私には、かなり鮮烈に、印象に残る言葉となりました。

　このフレーズは気軽に時間を訊く際に用いるもので、この時耳にしたのは上記でしたが、"Do you have the time?" の形でも使われますね。

　これに対して "What time is it now？" はやや改まったオーソドックスな訊き方で、「（ところで）今、何時でしたっけ」といったニュアンスも含んだりする

ようです。

（なお、ここでの "the" は大変重要な存在で、"Do you have time?" と言った場合にはそれこそ「今、おヒマ？」になってしまうのでご注意を）

　こうした「普段使い」と我々の英語の違いを、当時、駐在先の日本人社長が「僕らの英語は八百屋の店先で『候文』で大根を注文するような感じでネイティブに聞こえるんだよ」と表していましたが、「言い得て妙」と感じた次第です。

　かかる意味でも、居ながらにして生きた日常英語が学べるETM（映画で学ぶ英会話）は、小生にとってeye-openingな機会となり候。

　毎回が "aha moment"（なるほど！と思う瞬間）との出会いと申してもさらさら過言ではござらぬ故（！！）

42. 入ってますよ！

　はるか昔の高校生時代に、東京オリンピック（'64）開催を控えて超ベストセラーとなった英語の本がありました。

　その表題もズバリ、『英語に強くなる本』。

　英会話本がところ狭しと書店に並ぶ現在と異なり、「普段使いの英語」を分かりやすくかつ面白く解説したこの本は当時としては大変斬新で、著者の先生は一躍有名人になると共に、そこで紹介されたフレーズも人口に膾炙（カイシャ）を。

　かく言う私もその幾つかを、得意になって友達に講釈したものです。

　中でもインパクトが最も強かったのが...「トイレの個室にいてノックされた時、『入ってますよ』と英語でどう答えるのか？」で始まり、「ここはどこですか:」 "Where am I?" や「足もとに気をつけて」"Watch your step."、「はい、ここにあります」"Here you are." に「もういいかい？... いいよ！」"Say when. …When!" と続くイントロ部分。

　そうしたシチュエーションを実地で経験した今では当たり前に感じる言い方も、その頃の田舎の少年には"The scales fell from my eyes."（目からウロコが落ちた）ものだったといっても過言ではありませんでした。

「難しい単語を使う必要はなく、be, have, do, come, go, getといった基本動詞（と前置詞や副詞と結びついた句）をフルに活用することで実に多くを表現できる」がこの本のキー・メッセージでしたが、今思えば、ETMの「1500語で話せる英会話」にも通じる普遍の原理を、いち早く紹介した本だったのです。

　さて最初の、「トイレの個室にいて... 英語でどう答えるのか？」の設問に戻ると、この本で示された解答フレーズは.... "Someone in."（！！）

　でも実際には、"Hello!"で十分、間に合ったんですけどネ。

43.『注意表示』の A to Z

　英語圏のゴルフ場で最初はその意味が分りかねた標識があります。

　その一つは "OOB"。Out Of Bounds の略で、ゴルファーにとっての鬼門です。次は "GUR"。Ground Under Repair の略で、罰打無しで置き直せるという "優しい味方" でした。

　こうした省略形は別格としても、ちゃんとしたフレーズながら初めて見た時には何の意味か？と戸惑う注意表示に街中や郊外で出会いました。
　それは "Don't litter" =「ゴミを捨てるな」に、"No trespassing" =「立入／進入禁止」というもの。公園や私有地、農場などでよく見かけた標識です。

　より分かり易いところでは、Dead End が「行き止まり」。No crossing by pedestrians は「歩行者横断禁止」。命令形で Keep Out「立入禁止」や Watch Your Head「頭上に注意」、さらには Beware of Dog で「猛犬に注意」なども。

　ロンドンの地下鉄ホームで、"MIND THE GAP"（すき間に注意）と大書された上に、列車が来ると大音響でアナウンスが響き渡るのにも驚かされましたね。

　さて注意表示で名高い国といえば、何処あろうシンガポール。

　街の美観を保つために政府はごみのポイ捨て、つば吐き、チューインガムの持ち込み、トイレの流し忘れ、電車内の飲食、指定場所外での喫煙、鳥へのエサやり等々、多くの禁止事項を設定し、絵表示と共に違反者への罰金額を掲示しているのです。

　初代首相の肝いりで始まったこの浄化キャンペーン、お蔭で現在のあの清潔な市街がある訳ですが、実際に住むと結構、窮屈に感じる面も多いとのこと。
　そのためこの街を、人呼んで"Fine City"と...。
「素敵な」と「罰金」の両方の"fine"を掛け合せた、実にウィットの利いた命名ではありませんか！！

44.『比較級』で彩りを

　豪州時代の同僚に、気がよくて何かと援けてくれた人物がいました。

　彼に礼を言った際の返事は決まって "You are more than welcome."
　通常の "…very welcome." よりも気持ちのこもった響きで、耳に快く伝わってくる言葉でした。

　こうした "more than ＋形容詞／副詞" の言い方は「〜どころではない、非常に〜で」といった強調の意味で、"very" の代りに大変よく使われますね。
　最近の映画のセリフでも、『ゴーン・ガール』の "more than awesome" や "more than safe"、『ダイアナ』での "more than all right"、そして『ミッドナイト・イン・パリ』での "more than happy" などが耳に残っています。

　これらは一例として、比較級を使うと vivid な感じが出せるように思います。
　その代表格は永遠の名画『ローマの休日』の "I couldn't agree with you more."（全く同感です）。

同様の表現は『ミッドナイト・イン・パリ』でも、"I couldn't agree more with you." の形で聞かれました。

　一方、『ミッドナイト...』では反対の、"less" を使った言い回しも。"I couldn't care less about my book tonight."（今夜は僕の本のことなんかどうでもいいんだ）で、こちらは少数派ながら、洒落た上手い表現と感じました。

　ところで、ETMで学んだ格言に "Less is more." があります。独の建築家デア・ローエの「より少ないもので、より多くを表すことができる」の意味の言葉で、ヘミングウェイの文体にも影響を与えたものだそうです。
　何でも彼は日本庭園の枯山水でシンプルな「心」の一字に多くが表現されているのに感銘してこれを考えたとのこと。

　日本のことわざ「過ぎたるは及ばざるがごとし」にも "more or less"（多かれ少なかれ）通じる、なかなか含蓄のある言葉ですね。

45. オージー英語は面白い（その４）

　カントリー歌手ジョニー・キャッシュの生涯を描いた『ウォーク・ザ・ライン／君につづく道』。主役を演じたホアキン・フェニックスとリース・ウィザースプーンが劇中の歌全てを自らの声で歌っているのが印象的な佳作でした。

　"walk the line" とは「正しい／責任ある行動を取る」の意味。決められた線の上を歩くイメージで、分かり易い表現だと思います。
　その反対には "out of line"「規則などを守らない、（言動などが）不適切で」。さらに発展して "cross the line" で「最後の一線を越える」などの言い方もありますね。

　一方、これと紛らわしいのは "work a line"。
　ETM の教材『幸せの教室』で出会ったフレーズですが、ここでの "line" は専門を要する仕事の「やり方」や「手順」を表し、「専門の手順で仕事をこなす」の意味ということでした。

　さて、「ライン」という言葉で私が思い出す出来事、

それは豪州・メルボルンに赴任した直後の、家族が来るまでの単身駐在時代の体験でした。

　仕事を終えた後、同僚のAussieが映画に誘ってくれました。
　題名はと訊くと、『ブラック・ライン』とのこと。なんでも、日本が舞台だというのです。「え？『黒い線』などという映画は聞いたことがないけど」と思いつつシネコンへ。
　ほどなくして上映が始まり、マイケル・ダグラスと共に画面に現れたのは、今は亡き高倉健と松田優作！　...　そう、日本公開に先立つこと数ヶ月の、リドリー・スコット監督の傑作『ブラック・レイン』だったのです。

　RとLの聞き違いはご愛嬌として、これが私へのオージー英語の洗礼の１つとなったのでした。

　いや〜、あの時『Black Rain』で見た大阪の街の光景は衝撃的だったな〜！！

46. ススるべきか、ススらざるべきか？

　前回触れた映画『ブラック・レイン』。その中で高倉健がうどんをすするシーンが欧米人の間で話題になったそうです。

　食事の際に音を立てぬよう幼い時から躾けられてきた彼らには相当なカルチャーショックだったのでしょう。

　かつて某航空会社OBの深田祐介氏がその著書『新西洋事情』でユーモラスに取り上げたように、麺や汁をズルズル啜るという習慣は外国人が違和感を覚える代表例。

　他の麺類同盟国（??）でも殆ど見かけない、日本固有の「文化」と言えます。

　この「啜る／音を立てて飲食する」動作を英語では"slurp"と言いますね。

　私がこの言葉を知ったのは70年代にL.A.を訪れた時、ガーデナ地区の某人気ラーメン店で見た、"Slurping is not impolite when you eat ramen."の貼り紙からでした。

　日本人サイドに立てば「麺とツユの味と香りをより美味しく味わうため」等の理由付けが成り立つこの習慣も、国際的には明らかなbad mannersです。
　とはいえ、日本食が世界文化遺産となり "Sushi" に次いで "Ramen" も海外で市民権（？）を獲得しつつある近年、その受け止め方にも変化の兆しが...。

　今ではWEBにも外国人による「"超"前向きな」解説が多々見受けられます。
　曰く、Slurping is considered polite to express eating enjoymentから、Making slurping noises while eating ramen is a sign of respect to the chef….さらには、When you eat noodles in Japan, it is very impolite not to make sounds.と「おいおい、本気かヨ！」と突っ込みたくなるものさえも。

　それでも「どうか外国人の前では控えめに」と願うのは私だけでしょうか。
　"To slurp or not to slurp, that is the question."
さて、あなたは？

47. "動くな！"

　1992年のHalloweenの季節にアメリカ南部で起こった日本人留学生射殺事件。

　そこで浮き彫りになった「銃社会アメリカ」の闇がその後も深まる一方なのは残念ですが、この悲しい出来事にはある言葉も関係したと言われています。
　銃を構えた家人の "Freeze!"（動くな！）の警告を理解せぬままに近づいてしまったというのです。

「凍ったように（ピタッと）動きを止める」の意味からこうしたシチュエーションで使われる "freeze" も、私の住んだカナダ東部では、日常ごく身近に感じる言葉でした。

　冬の寒さは半端ではなく、subzero temperature（氷点下の温度）は当り前の世界。
　その中で "生存" に欠かせないのはcentral heatingです。一度、外気温がマイナス25℃の夜に自宅のfurnace（暖房用加熱炉）が故障した時の大変な思いは忘れられません。
　またある日本人駐在員家族がこの暖房のスィッチを

“OFF”にして旅行に出かけ、帰宅したら地下室が水浸しになっていた（！）との話も...。水道管がfreezeして破裂してしまったのです。

　そうした厳冬に慣れたカナダ人でさえ怖れるものに、“freezing rain”がありました。

　地表付近の気温が零度以下の時に、上空から降ってきた雨が一瞬にして凍結する現象で、路面がツルツルになり車はアイススケート状態に。私が高速道路でこれに見舞われて、「くの字」に折れ曲がった“jack-knife”と呼ばれる状態で横たわる大型トレーラーを左右に見ながら走った時は、ハンドルを握る手が震えたものです。

　そうそう、ETMの教材『幸せの教室』では“brain freeze”なる言葉が出てきましたね。
　アイスクリームなどを食べて、突然頭が「キーン」と痛くなる症状を示す表現でした。

　一方、私の場合は最近、歳のせいか、何もせずして頭が“freeze”に陥る時が...。
　英語学習に励んで、“解凍”状態を少しでも長く保とうと試みているこの頃なのです。

48. インド人もビックリ（！？）

　先日、頼まれて、インドに関係したある団体主催の150人規模のセミナーで通訳を務めました。

　逐次通訳で、プレゼン資料に事前に目を通す機会もあったため、大きな問題はなく完了できたのですが、予想に違わず、インド訛りの英語には当惑させられました。

　まずセミナーに先立って行われた自動車部品工場の見学では、インド人メンバーから出された質問中の"thickness"の単語を聴き取るのに一苦労を...。

　そして次はセミナー本番です。
　インド側の最初の発表者は国際経験のある人物で英語も比較的聴き易く、やれやれと安堵したのもつかの間。次なる発表者が、強烈なインド訛りの英語に加えて、スライド2枚目から以降は画面に全く関係なくドンドン話を進める"暴走"モードに突入！！
　少なからずあわてましたが、"聴き取れた言葉をつなぎ合わせて（！）"まとめ上げ、どうにか事なきを得た次第です。

　インドに限らない話ですが、各国語の訛りは慣れる
までなかなか大変ですね。かつて駐在したタイでも、
独特なタイ語訛りの英語に惑わされました。
　その一つは「語尾上げ」。多くの名詞を尻上がりに発
音し、例えばmanagerはマネ"ジャー"、happyはハ
ッ"ピー"、centerはセン"ター"と、" "内の部分
が強くなるのです。
　その次は「語尾消え」。"t"，"d"や"s"といった
子音は殆ど発音されません。

　しばらくするとこちらの脳内に「変換機能」ができ
たものの、今度は自分の発音が影響を受けそうで困る
ことに。
　時制など文法の面も、おおらかなタイ語の影響でア
バウトでした。

　それでも彼らNon-nativeの外国人達に共通して偉
い点は、訛りの強い英語でも臆さず、思ったままに口
に出すこと。
「話さなければ伝わらない、話せば何かが伝わる。
"Let's speak up!"」の我がモットーにも相通じるポイ
ントで、いつも感心させられるのです。

49. 挑戦します！

　海外で仕事をしている中で、それまで知っていた英語とは意味やニュアンスが異なって使われるシチュエーションに出会い戸惑ったことが幾度かありました。

　記憶に残っている一例は、"champion" という言葉。
　あるアイデアを豪州人社長に提案した時に、Will you be the champion of that project? と言われて面食らいました。
　「その計画は君がリーダーとなって進めなさい」の意味でしたが、話のいきさつから推測はできたものの、"champion"＝「優勝者／チャンピオン」との理解のみだった私は、「擁護者」や「支持者」の意味でも使われることを初めて知ったのです。

　さらなる例は、同じく "ch－" で始まる、"challenge" という言葉でした。

　ネイティブとの会話で何かしっくりこないなと感じつつ、ある時ようやくその原因に気付くことに。「その目標にチャレンジします」のつもりで "I will challenge the goal."と言ったら「ブー」。意外なことに、誤解を招く言い方なのでした。

　動詞では「（人に）挑戦する／（するように）要求する」と共に「（人や意見に対し）異議を唱える」との意味で使われるため、「その目標に異議を唱えます」といったようなニュアンスになってしまった訳です。

　上記を正しく表現するには、対象の「人」を示す目的語"oneself"を追加して"I will challenge myself to（achieve）the goal."などの形で言えばよかったのですね。

　さて「挑戦者」の英訳は、ご存知の"challenger"。
　この名のついたスペースシャトルの爆発事故は当時北米に居た私には30数年を経た今も記憶に鮮やかですが、その後に判明した原因は、O-ringと呼ぶ部品の「低温時の劣化」でした。

　その重大リスクを事前に認識した関係者が打上げ決行に対し強く"challenge"（異議申立）していたならば、尊い７名の命を奪ったあの悲劇は起きなかったのにと、残念に思われてなりません。

50. 皆、そう言いますよ

"That's what they all say." 「（男の人は）皆さん、そうおっしゃいますよ」。

映画『博士と彼女のセオリー』の中で、こんなセリフが耳にとまりました。

筋萎縮性側索硬化症という難病と闘いながら現代宇宙論の第一人者となったS.ホーキング教授とその夫人を描いた感動的な作品。その主人公にポルノ雑誌が届き、彼が "It is for a friend." と言った場面での付添看護師の返事がこれでした。

「車椅子の天才物理学者」と呼ばれる同氏の持つ意外な一面のギャップ感もさることながら、私にはアメリカでの『痛〜い』記憶を思い出させるフレーズだったのです。

私が住んだカナダと米国は隣同士のためビジネスや旅行でよく行き来しましたが、米国で運転する際に特に要注意だったのは "speeding"（スピード違反）でした。

制限速度がカナダより10km/h以上低いのに加え

て、大きな問題は速度計の単位の違い。キロ主表示／マイル副表示のカナダの車では間違える心配は少なかったものの、米国の車はその逆のため、キロと思い込んで走って実際はマイルで、メーター読みより６割（！）も速かったという、とんでもない事態さえ招くリスクがありました。

　冬休みに家族でフロリダに行き、キーウエストへ向かう一本道をレンタカーで走った時のことです。

　交通量も少なく、島伝いの快適なドライブを楽しみつつ、ある橋を渡り切った先にレーダーを構えたパトカーが...。あっけなく違反切符を貰い、そのショックも冷めやらぬままに、次の橋を渡った先にはまた別のパトカーがレーダーを...。

　２度目の切符にさすがにガックリきて、「カナダから来たんだが、アメリカの speed limit は低すぎる」と文句を言ったところ、米人ポリス氏答えて曰く、"That's what Canadians all say."
　鮮やかな切り返しで「技あり」！... お得意サンの１人だったのですね、トホホ（泣）。

51. 電話貸してね

　最初の海外勤務での出来事でした。

　あるお店で「ちょっと電話貸して貰えますか？」と頼もうとして May I borrow the phone? と言ったところ、「あんたはこの電話を持っていく気かい？」との答えが返ってきてあわてたことがあります。

　この時は先方がわざとそう言ったフシが感じられたのですが、ともあれ、「借りる」→ "borrow" との、日本語からの直訳で話すとおかしな英語になることを知った体験でした。

　borrow は通常、持ち運びできるものを対象にするため、固定電話では "May I use the phone?" と言うべきだったのですね。

　同様に、「トイレを借りる」も "borrow" を使うと相手が目を白黒することに。正解はそう、May I use the bathroom? です。

　一方、れっきとした英語ながら日本語への直訳とは意味が異なる英語表現に出会い驚いたことも。

　"He's pulling my leg." というフレーズでしたが、「彼は私の足を引っ張っている／邪魔している」ではな

く、「私をからかっている」の意味なのでした。

　これらとは反対に、日本語と英語が同様の言い回しで表わされるのも、もちろんありますね。例えば "Lend me a hand."（手を貸してくれ）や "break one's promise"（約束を破る）、そして "My ear hurts." や "I feel a pain in my ear." で「耳が痛い話です」等々。

　映画『幸せへのキセキ』では、"I gotta borrow your artist's eye."（画家としての君の眼を貸してくれ＝意見を聞かせてくれ）も耳にしました。

　ニュアンス的に同じものまで含めれば、"save face" に "lose face"（メンツや面目を保つ／失う）といったフレーズも。

　この "save face" 式表現を勝手に進化（？）させて、「それじゃあ俺の顔が立たない」のつもりで "My face doesn't stand!" と言った剛の者もいたとか…。

　でも、さすがにそれは、「無理スジ」というものですよね。

52. 却下する！

　アカデミー主・助演男優賞をダブル受賞した『ダラス・バイヤーズクラブ』。

　HIV治療薬に関わる、実話を基にした映画です。その中で、"This case is hereby dismissed."（本件はここに却下する）のセリフが耳に留まりました。

　主人公の裁判での判事による宣告でしたが、実は私も法廷で全く同じ言葉を貰った経験があるのです。

　カナダ・トロントでの、交通事故を巡っての出来事でした。

　交差点で、直進する私の車に一時停止の標識を無視して入った車が衝突した物損事故。現場確認に来た警官にイタリア系とおぼしき相手が声高の英語でまくしたてる一方で、私も懸命に状況の説明を...。

　とりあえずその場は終了し、後は保険会社を通じて処理することとなりました。

　数日が経ち、私の元に一通の手紙が到着しました。件の事故に関する相手側からの通知で、そこには"We hold you fully responsible..."の文面が。

　事故の責任は全て私にあるというのです。明らかに

先方の過失であり承服できない主張でしたのでこちら
も反論し、ついには法廷で決着を争うことに。

　裁判当日、言葉のhandicapを少しでも補おうと現
場の見取り図や写真入りのパネル持参で出廷しました。

　まず原告側の証言から。ところが相手の様子が何か
おかしい！... 判事の話す英語が全然理解できないと
いった仕草なのです。
　これには証人として出廷した、事故時の現場確認の
警官も口をあんぐり...。

　結局、"This case is hereby dismissed." の宣告
で、審理なしで私の勝ちに。

「狐につままれた」の言葉がピッタリの展開となりま
したが、どうも何らかの理由で事故の現場では同乗者
が「身代り」で運転者と名乗っていて、それがばれる
のを恐れての行動だったようでした。
　ともあれ、何とも不思議ないきさつから、
"dismissed" は私の記憶に残る言葉の一つとなったの
でした。

53.『いっつぃー・びっつぃー』(??)

　'６０年代初めに全米で大ヒットして日本でも流行った、あの曲。

　その題名ともなった歌詞が "Itsy Bitsy, Teenie Weenie, Yellow Polka-Dot Bikini" でした。

　邦題は『ビキニスタイルのお嬢さん』で、ビキニの水着で泳ぎに来た女の子が、恥ずかしくてロッカールームから出られないといった様子を歌ったものですが、その明るいテンポに魅かれて、当時は意味など考えもせずに「イッツィー・ビッツィー・ティーニィー・ウィーニィー・ウェロー・ポッカ... ♪」と口ずさんでいました。

　この "itsy-bitsy" に再び出会ったのはそれからほぼ２０年を経て英語圏で働く中、ある時同僚が口にした言葉でした。前後の流れから「ちっぽけな／とても小さな」の意味らしいと理解すると同時に、あのリズムが懐かしく私の耳に還ってきたのです。
（ちなみに "teeny-weeny" もほぼ同様の、「小さな／ちっちゃい」の意味でした）

　英語では韻を踏んだ言い方をよくするため、こうした"○○y＋△△y"といったスタイルに結構出会いますね。

　先日読んだアガサ・クリスティの短編でも"tidy and ready"という語句を見掛けましたが、私が耳から覚えたものの代表例は"nitty-gritty"。"nitty"と"gritty"それぞれが本来持つ意味から離れて、合体して全く別の「肝心な／本質的な」や「（物事の）核心／本質」に変身するという、大変不思議な言葉でした。

　もう一つの例は"hanky-panky"なる言葉。「不正／いかさま」や「愚行」の意味でしたが、今ではアンジェリーナ・.ジョリーなど海外セレブ愛用の下着ブランドの名にもなっています。

　少々変わり種では"Humpty Dumpty"もありましたね。おしゃれな雑貨ショップで身近なこの言葉も、元々は童話の卵のキャラクター。
　その形状から「ずんぐりむっくりの人」も指すので、こう言われぬよう、私もシェイプアップ (get in shape) しなければ. . . （笑）。

54. 子への想いは万国共通

　仕事の第一線を退いて時間的な自由度も少し出来た今、社会への恩返しを兼ねて私がやっていることの一つに、家庭裁判に関わる通訳（日⇔英）があります。

　担当するケースは専ら国際結婚がらみで、離婚や養育権（custody）／養育費（child support）、そして子供との面会交流（visitation）に関するもの。
　通常は調停委員が双方と個別に面談しながら結論を導いていく「調停」（mediation）で終了しますが、裁判官が審理して裁定を下す「審判」（judgment）に進んで決着する場合もあります。

　これまで私が受け持った事件の特徴は、例外なく、妻が日本人で夫が外国人の組合せという点。外国人である夫側のサポートをする訳ですが、多くが身につまされる情況で、第三者の立場ながらついつい感情移入してしまう時もありました。

　最も焦点となるのは面会交流です。
　諸々の理由で父親と子どもの面会を養育者である母親が渋る中、不自由な日本での生活を続けつつ何とし

てでも子供に会いたいとの、「慟哭」にも近い父親の想いに接して、子供に注ぐ愛の深さはどこでも同じ...いや、彼らの方がより強いのかも知れない、とすら感じさせられたりします。

　そうした時に頭に浮かぶのは、映画『ツーリスト』での"ヤヌス"（Janus）に関するA.ジョリーの台詞、"People have two sides. A good side, a bad side. We must embrace both in someone we love." です。ヤヌスは前後２つの顔を持つローマ神話の出入り口と扉の神で、昔、彼女の母が「人には両面があるもの。愛する人が持つ、よい面と悪い面の両方を受け入れなさい」と教えてくれたというものでした。

　夫婦の愛は失われても、子への愛情は変らぬはず。
　互いの言い分に二面的なギャップがあり妥協点が見えない状況の中、何とか両者が歩み寄って欲しいと願いつつ、"fair and accurate" な通訳をと心がけているこの頃です。

55. 素晴らしい／最高だ！

　昨年１２月の安倍首相とオバマ前大統領の真珠湾訪問は戦後70年を経ての両国の和解を象徴する出来事でしたが、この時二人と握手を交した人達の中に、米陸軍第４４２連隊（Four Forty-two）の元兵士がいました。

　日米開戦を機に始まった日系人の強制収容。その中で米国への忠誠心を示そうと志願した日系人を主体に編制され、欧州戦線で戦った部隊がこの "442" です。

　彼等の合言葉は、"Go for broke!" でした。
"go broke" は「破産する」ですが、こちらは「一か八かだ」や「当たって砕けろ！」の意味。その言葉通りの勇敢さは、ドイツ軍に包囲されて絶体絶命のテキサス大隊を仲間の半数を失いながら救出した作戦が米陸軍１０大戦闘の一つに数えられ、同連隊の戦史を学ぶことが米陸軍の必修課程となったほどだったのです。
（"442" の活躍は『パイナップル部隊』の題名で1959年に映画化もされています）

　欧州戦線終結から１年後の1946年夏、ワシントン

D.C.で行われた第４４２連隊の表彰式で、整列する日系兵士の前でトルーマン大統領はこのように述べたと言います。

"You fought not only the enemy, but you fought prejudice—and you have won."

　それから30年後、自動車メーカー勤務の私がハワイに出張した際に補佐してくれた現地distributorのマネジャーがこの "Four Forty-two" の生き残りでした。
　両親が沖縄出身の日系二世で、欧州戦線に従軍した、まさにveteran。

　その彼の口癖は、"It's terrific!" でした。海外部門に異動して日の浅かった私には耳新しく響いた言葉で、Hawaiian Englishか？などと思ったくらいです。

　今でもこの "terrific" を耳にすると、ハワイ島で立ち寄った彼の生家でお会いした穏やかなご両親と、マウナ・ケア山麓のタロイモ畑の側に立つ一軒家が懐かしく思い出されるのです。

56. 映画の観すぎだ！

　英 "Financial Times" 誌が毎年発表する『世界で最も住みよい都市ランキング』。

　その2016年版 Top 10のうち７つまでをカナダとオーストラリアが占め、中でも１位メルボルン、３位バンク―バー、４位トロントと、かつて私が住んだ３都市が最上位にランクされているのは心なしか嬉しく感じます。（ちなみに２位はウィーンです）

　我が体験から考えて、これらの街が評価される大きな理由は「安全度」だと言えます。日本と同じとまではいかなくとも、一定の注意さえ怠らなければ不安なく暮らせる環境は何にも勝るメリットであることは言うまでもありません。

　とはいえ、やはり外国ならではの経験をすることもありました。

　確かに殺人などは少なかったものの、"burglar" や "vandalism" といった、それほど凶悪でない（？）事件は結構身近に見聞きを。共働きの私の秘書が空き巣に入られて電化製品などをごっそり盗み出されたのも、実際にあった出来事でした。

　バンクーバー時代のある晩のこと。オフィスに一人残って仕事をしていると、カフェテリアの方で何やら人の気配が．．．。不審に思い行ってみると、ショットガン片手の男がいるではありませんか！

　実はセキュリティ会社の人間で、burglar alarm（盗難警報装置）が鳴ったため駆けつけたそうでしたが、全く"ドッキリ"の体験でした。

　そして真冬のトロントです。日本との電話を終えた深夜零時過ぎ。純白の雪景色の中、会社の駐車場を出て少し走ったところでrearview mirror（バックミラー）に赤青の点滅が。車を停めるとRCMP（カナダ連邦警察）の警官が歩み寄って職務質問を．．．。

　免許証と車の登録証を見せ車のトランクをチェックされた後で無事解放されましたが、何でも、近くで銃声を聞いた旨の通報があったとのことでした。

　翌朝、同僚のカナダ人に「ああいう時はhold upして車外に出るべきなの？」と聞いたところ、彼からはただ一言、"Too much movie！"

　．．．確かに図星でしたネ。（笑）

57.『月曜の夜』は要注意（！？）

その昔ハワイや米国西海岸に移住した日本人は、初めて耳にする英語を『語呂合わせ』の要領で覚えたと言います。

有名な例が"What time is it now?"の「掘った芋いじるな」ですが、その他に"I get off."→「揚げ豆腐」や、"Sit down, please."→「知らんぷりー」、"You know me."→「湯呑み」等々...。
Hamburger"を「半馬鹿」といったご愛敬系（？）もあれば、"What can I say?"を「わっかんないぜー」など、思わず『うまい！座布団1枚上げて！』と言いたくなるものもあったとか...。

以前紹介した某航空会社OB深田祐介氏の著書『新西洋事情』にも、機内でCAに「しゃもじにアッパーカット」と言って"sandwich and a cup of tea"をゲットしたとの"武勇談"が出てきましたが、流石にこれは"too good to be true"（出来過ぎた話）かも知れませんね。

一方、外国人に日本語を教える際にも「語呂合わせ」

方式は結構使えます。
「おはようございます」をアメリカの州名に掛けた
"Ohio ゴザイマス" などがその代表例ですが、中でも
「どういたしまして」→ "Don't touch my mustache."
は私も使って大いにウケた言い方でした。

　仕事の上で耳にしたのが "Monday night"。
『問題ない』→「マンデイ・ナイト」の言い換えで、
品質状況や業務の進捗を訊ねた時の答えでしたが、そ
の言葉とは裏腹に実際は問題が "大あり" の時もあっ
て、要注意のフレーズでした。

　最もポピュラーな言葉「どうも有難う」は「ワニ」
の英語名を使って "ドウモalligator" と教えると便利
です。
　ところがこれを覚えたあるオーストラリア人、いざ
日本語でお礼を言う場面で口から出たのが．．．"ドウ
モ、クロコダイル"（！！）
　何しろ、彼の地でワニと言えば、"crocodile" なの
ですから。（笑）

58. オージー英語は面白い（その５）

　私がかつて住んだオーストラリアの「国民歌」"ウォルツィング・マチルダ"（Waltzing Matilda）。
　核戦争の恐怖を描いた1959年の映画『渚にて』のテーマ曲にも使われましたが、実はこの歌、タイトルから連想する「ワルツを踊るマチルダ」の内容ではなく、貧しい放浪者が旅の途中でひもじさから羊泥棒を働き、警官に追われて沼に飛び込んでしまうといった話なのです。

　「『自由と、孤独と、苦労の魂』を歌ったものとして、権威を嫌い独立独歩を重んじるオーストラリア人の気質に強く訴える」ことから、米国での "God Bless America" と同様に広く同国民に愛されている訳ですが、確かに Aussie 諸氏はこの曲を聴くと格別の sentiment（感傷／感情）を覚えるようです。
　その歌はどうぞこちらで：https://www.youtube.com/watch?v=Pu5byl6pZY0

　そしてお気づきのように、この歌は "Aussie English の宝庫" でもあります。
　即ち、swagman ＝放浪者／旅行者、coolibah tree

＝ユーカリの木、billabong＝よどみ／袋水路、billy＝野外で湯茶を沸かす金属の容器、jumbuck＝ヒツジ、tucker＝食糧、等々。また、"Matilda" とは放浪者が身の回りの品を入れておくズタ袋で、それを担いで旅することを "Waltzing Matilda" と言うのです。

　さて、オーストラリアの代名詞とも言うべきは「カンガルー」。彼の地に上陸したCaptain Cook 一行がこの奇妙な動物の名前を尋ねて、原住民が答えた言葉、"gangurru" にその名を由来します。
　けれどもその意味というのは、巷間言われる「私、知らないよ」はどうやら俗説で、実際には現地語で「飛び跳ねるもの」だった由。

　このkangaroo、赤身の超ヘルシーな食肉として人気上昇中ですが、そのステーキの呼び名はと言えば、"jump steak"（！）
　. . .　いかにも馬力（"kangaroo力"??）が出そうな響きですね！

59. 名著『日本人の英語』で学んだこと

　この夏、久し振りにマーク・ピーターセン著『日本人の英語』（岩波新書）とその続編を読み返しました。
　日本人が苦手とする英文法を、私たちの冒し易い誤りを例にネイティブの思考に立って明快に解説したもので、初版の刊行後30年を経てなお輝きを失わない、私が読んだ幾多の解説書の中でも白眉と考える存在の本です。

　まず冒頭で紹介されるのが定冠詞"the"にまつわる話。
　そこでの例はthe United States of America（またはthe U.S.A.）とthe Mississippi Riverの表現で、その説明は「(theがつくのは)その中に普通名詞のstatesやriverがあるから」。高校時代に読んだ文法書の『the + 固有名詞』項での「○○などの固有名詞にはtheをつける。但し△△にはtheはつけない」といった、何ともピンとこない解説とは大違いで、極めて分かり易く記されているのです。

　こうして、単に「決まり事」としてではなく、「何故そうなのか」という理由を示して論じている点がこの

本の特長であり、「英語の本質がわかると言っても過言
ではない」と称賛される所以なのだと思います。

　上記はほんの一例で、冠詞（a/the）と数に関する意
識の問題、前置詞（on/in, out/off）の意味合い、時
制、関係詞（Who, Which）や論理のつながりを表わす
言葉等々、まさに英語の「核心を突く」テーマが数多く
言及されており、読む度に新鮮な気づきを覚えます。
　また、続編での「アングロサクソン系」と「ラテン
系」英語の比較など、現代英語の成り立ちにつながる
話も大変興味深いものでした。やわらかく、「人間くさ
い」前者とドライでフォーマルな後者の両方の英語の
使い分けも、なるほどと納得できます。

　そして、さらに特筆すべきは、この本を同氏にとっ
て外国語である日本語で書き上げたということ。努力
して日本人以上に日本語を学び、精通するに至ったか
らこそ、これだけの内容の本を著すことができたので
しょう。

　それに比べて我が英語は、半世紀を優に越える歳月
を経てなお迷いの日々...。
"来世"でさらなるレベルアップを図るしかないかも
しれませんね（！？）

60. それは " 卵料理 " で始まった

　私にとって初めての海外渡航は自動車メーカーに入社して10年目、国際線用として開港した直後の成田空港からの出発でした。行き先は米国西海岸。
　発売前の新型車のテストで、L.A. を基点に、灼熱のデス・バレーを含む広大なアメリカ中西部を舞台に走る中で、多くの経験を積んだ１ヶ月でした。

　そして元々クルマの開発エンジニアだった私には、実際に英語で意思疎通を行うという、人生初の試練の場でもあったのです。

　米国到着の翌朝、ホテルの隣の『Denny's』で朝食をとりました。早速ウェイトレスから How would you like your eggs ？（卵はどうされますか？）の問いの洗礼が．．．戸惑う私に同行の仲間が教えてくれた言葉が "sunny side up"（目玉焼き）でした。
　同時に "Thousand island" や "French" といったドレッシングとの出逢いも。

　それから過ぎること幾星霜。担当する「1500語で話せる英会話」クラスで、卵料理の名前を紹介する機

会がありました。

　まずは sunny side up と scrambled。そして boiled
や poached ときた後で、私の好きな "Eggs Benedict"
と共に、ちょっと変わった "over easy" を。この "over
easy"、目玉焼きをひっくり返して（turn over）反対
側も軽く（easy）焼いたものを指し、主に米国で使わ
れる呼び名です。

　そしてその時、我が英語体験の幕開けとなった40年
前のあの Denny's での朝食の場面が鮮やかに記憶に蘇
ってきて、感慨深く思ったのです。

　話は変わって最近、ETM の教材映画『マイ・インター
ン』で一つの名言に出逢い、大いに共感を覚えまし
た。

　それはルイ・アームストロングの言葉で、"Musicians
don't retire. They stop when there's no more
music in them." というもの。

　この "music"、主人公の Ben と同様に、私の中で
もまだまだ健在です。

　これからも ETM を通じて新たな言葉との出逢いを楽
しみ、心に "music" をかき立てながら、さらなる英
語体験を積み重ねていきたいと願っています。

<付録>

1. カナダ & オーストラリア This and That
（2012年6月ETM講師会研修資料。著者作成）

1］基本的な10の質問
（正しいものには○を、間違っているものには×をつけてください）

Q1：国土面積の大きさはロシア、オーストラリア、アメリカ、中国、ブラジル、カナダ、インドの順である（　）

Q2：カナダ、オーストラリア両国とも英連邦王国に属し、元首はエリザベス2世である（　）

Q3：両国の国旗にはそれぞれ、ユニオンジャックがあしらわれている（　）

Q4：先住民は、カナダはイヌイット（エスキモー）で、オーストラリアはアボリジニである（　）

Q5：カナダの公用語は英語とフランス語で、オーストラリアの公用語は英語である（　）

Q6：両国とも、州（Province/State）の他に「準州（Territory）」を持っている（　）

Q7：「世界で一番住みやすい都市ランキング」トップ10に、カナダの都市が3つ、オーストラリアの都市が4つ入っている（　）

Q8：カナダではこれまでに、夏季と冬季の両方のオリンピックが開催されている（　）

Q９：オーストラリアの「国民歌」とも言われる
　　　『Waltzing Matilda（ワルツィング・マチルダ）』
　　　は、踊りが上手な少女について歌ったものであ
　　　る　（　　）

Q10：カナダの自動車は日本と同じ右ハンドルで、速
　　　度計はキロメートル表示である　（　　）

［答え：Q１…×（オーストラリアとカナダの順位が
逆）、Q２…○、Q３…×（カナダの国旗はメイプルリ
ーフ）、Q４…×（カナダの先住民はインディアンとイ
ヌイット）、Q５…○、Q６…○（カナダはProvince、
オーストラリアはState）、Q７…○（本文No.56参
照）、Q８…○、Q９…×（本文No.58参照）、Q１０
…×（カナダはアメリカと同じ左ハンドル）］

２］「英語」について
◇カナダ
１）全般にイギリス英語とアメリカ英語の中間からア
　　メリカ寄りと言える。
　　発音、スペリング、語彙、文法など、イギリス英
　　語とアメリカ英語の両方の方式が共存している。
　　→「クセ」が少ない、「中立的な英語」??
２）カナダ特有の方言、訛りというべきものもある。
　　①“ou”の発音：　trout→「トロウト」、about→
　　「アボウト」

②子音 "t" の発音：　Toronto →「トロノ」
③文末の「eh ?」：例）You can eat it, eh? . . .
　　アメリカ人とカナダ人を見分けるポイント（???）
　　からかいの種にもされる。

◇**オーストラリア（"Aussie" English、"OZ" English）**
１）最も大きな特徴はその発音にある。（本文 No.3 参
　　照）
　　Sunday →「サンダイ」、Today →「トゥダイ」、
　　Mate →「マイト」
　　（例：I go to the hospital to die.（???））
　　但し、教育レベルや海外との接触経験でその程度
　　は か な り 異 な る：（訛 り の 少 な い 順 か ら、
　　"cultivated" < "general" < "broad"）
２）カナダと同様に、発音、スペリング、語彙、文法
　　など、イギリス英語とアメリカ英語の両方の方式
　　が共存。但し、カナダに比べて、よりイギリス式
　　を強く残していると言える。
３）さらには、オーストラリア特有の単語や言い回し
　　も。例えば G'Day や No worries. など（後述）。
　　（本文 No.1、2参照）
４）広大な割に各地方に特有な方言はみられない。（地
　　方に行くほどオージー訛りが強くなる程度）

＜スペリングと語彙＞

・カナダ、オーストラリアともにアメリカ英語とイギリス英語が混在。但し、スペリングについては両国ともイギリスの影響が強くみられる。一方、語彙に関しては、カナダではよりアメリカの、オーストラリアではよりイギリスの影響が強い傾向にある。（表１、表２）（本文No.21参照）

・分野（金融、自動車、等）によっては、イギリス、アメリカそれぞれの影響の強さの傾向が上記とは異なっているものもある。

表1. 「スペリング」に見る各国間の違い

	アメリカ	カナダ	オーストラリア	イギリス
中心	center	centre	←	←
劇場	theater	theatre	←	←
メートル	meter	metre	←	←
色	color	colour	←	←
ウィスキー	whiskey	whisky	←	←
小切手	check	cheque	←	←
旅行	traveling	travelling	←	←
問合せ/質問	inquiry	enquiry/inquiry	←	enquiry
組織	organization	organisation/zation	←	organisation
タイヤ	tire	←	tire/tyre	tyre
飛行機	airplane	←	airplane/aeroplane	aeroplane

表2.「語彙」に見る各国間の違い

	アメリカ	カナダ	オーストラリア	イギリス
出口	exit	←	way out	←
貸家	for rent	←	to let	←
アパート	apartment	←	flat	←
ごみ箱	garbage can	←	rubbish bin	←
紙幣	bill	←	note	←
映画館	movie theater	movie theatre	cinema	←
持ち帰り	take out/to go		take away	←
フライドポテト	french fries	←	chips	←
ケチャップ	ketchup	←	tomato source	←
ガソリン	gas/gasoline	←	petrol	←
追い越す	pass	←	overtake	←
ロータリー	rotary	←	roundabout	←
自動車の前面ガラス	windshield	←	windscreen	←
エンジンフード	hood	←	bonnet	←
車のトランク	trunk	←	boot	←
荷物	baggage	←	luggage	←
エレベーター	elevator	←	lift	←
薬局	pharmacy/drugstore	←	chemist's	←
トイレ	bathroom/restroom	washroom/ restroom	toilet	←

＜オージー英語の代表的な言い回し＞...「国民性」が表れている

- "No worries."：どういたしまして／心配するな／問題ないよ／OK だよ。...Sorry や Thank you に対する返事としてよく使われる。承諾の "Sure." といった意味でも用いられる。（本文 No 1 参照）
- "G'Day."（= Good day）「グダイ」：今日は。...Hello の代りによく使われる。（本文 No.2 参照）
- "mate"「マイト」：友達／仲間／親友の意味。No worries. や G'Day. の後に付けられる（主に男性に対して使われる）→ "No worries, mate." や "G'Day, mate." など（本文 No.2 参照）
- "Good on you."：立派だぞ。...行為の結果ではなく、勇気ある態度に賛意、好意、共感を表すもの。（Congratulations. Well done. や Good for you. とはニュアンスが異なる）（本文 No.17 参照）
- "Cheers."：= Thanks. または Bye.
- "Ta."：= Thanks.（イギリス英語と同様？）
- "Pleasure."：= You are welcome.
- "bloody"：非常に、とても。（軽い意味合いで多用される）（本文 No.36 参照）
- "as such"：= so または therefore（「だから、そんな訳で」）

＜オージー英語特有の単語＞

- down under：オーストラリア、ニュージーランド を指す。（英国から見て）地球の下側にあることから きた言い方。
- bush：オーストラリアの奥地（へんぴな田舎）を指 す言い方。もともとは低木地帯や未開発の森林地帯 の意味。
- outback：オーストラリアの内陸部に広がる、砂漠 を中心とする広大な人口希薄地帯を指す。
- gum tree：オーストラリアではいたるところにある 「ユーカリの木」のこと。（本来は「ゴムの木」の意 味）　オーストラリアではeucalyptusの代わりにこ ちらが使われる。
- barbie：「バーベキュー（barbecue、BBQ）」の意 味（「バービー人形」ではない）。オーストラリア人 はバービーが大好きで、何かと言えばLet's have a barbie!
- billabong：三日月湖、水路にある流れの無い水溜ま りを指す。先住民の言葉で、"ビラ"（billa）は"小川 "（creek)、"ボン"（bong）は"死"（dead）を意味 する。
- roo：カンガルー（kangaroo）を意味するオースト ラリア英語のスラング。ちなみに"（kangaroo"は 先住民の言葉で「飛び跳ねるもの」の意味。（本文 No.58参照）
- tucker：食べ物、食事、食糧（＝ food）

3]「映画」について

◇カナダ

　政府が誘致に力を入れていることもあり、コストの安さやカナダの自然、市街地を利用して、多くのアメリカ映画がカナダで撮影されている。バンクーバー、トロント、モントリオールやアルバータ州（ロッキー山脈）がその舞台に。特にバンクーバーはL.A.に次ぎ、北米で2番目に大きな映像作品の生産地である。

1）カナダでロケ／製作された映画

　ブロークバック・マウンテン、Xファイル、スーパーマン3、アイ・ロボット、スパイダーマン、ボーン・コレクター、シカゴ、ヒストリーオブ・バイオレンス、ジョンQ、タイム・コップ、スネーク・アイズ、ベイビー・トーク、レジェンド・オブ・フォール、イヤー・オブ・ザ・ドラゴン、レッド・ブロンクス、告発の行方、ダブル・ジオパディー、ネバーエンディング・ストーリー、ロッキー4、スーパーマン、許されざる者、帰らざる河、ドクトル・ジバゴ、トイレット*、ハナミズキ*、天と地と*、人間の証明*、等々（*印は日本映画）

2）カナダ出身の俳優：

　キアヌ・リーブス、マイケル.Ｊ.フォックス、ダン・エイクロイド、ジム・キャリー、ドナルド/キーファー・サザーランド、ジョアンナ・シムカスなど。監督ではＪ．キャメロンやD．クローネンバーグ。

3）おすすめの映画

・「グース」：'96年　アンナ・パキン主演。オンタリオ
　州の農村が舞台の実話に基づく感動作
・「今ひとたび」：'89年　イザベラ・ロッセリーニ、テ
　ッド・ダンソン主演。バンクーバーが舞台
・「ボウリング・フォー・コロンバイン」：'02年　銃社
　会アメリカを描く中でのカナダとの安全の比較
・「死ぬまでにしたい10のこと」：'03年　バンクーバ
　ーを舞台に、余命2ヶ月の宣告を受けた女性の話
・「カナディアン・エクスプレス」：'90年　G.ハックマ
　ン主演。ロッキー山脈を走る列車の中での追跡劇

◇オーストラリア

　多くのアメリカの製作会社がコストの安いオースト
ラリアにスタジオを持ち、製作している。
・Fox スタジオ：シドニー、・WB（ワーナーブラザー
　ズ）ムービーワールド：ゴールドコースト
　特にシドニー市街は非常によくロケに使われる。「ロ
ケ地を巡るツアー」も催され人気を博している。

1）オーストラリアでロケ／製作された映画

　マトリックス3部作、ミッション・インポッシブル
2、ゴーストライダー、スーパーマン・リターンズ、
ムーランルージュ、スターウォーズ・Episode 2/クロ
ーンの攻撃、Episode 3/ シスの復讐、シャイン、マッ
ド・マックス、クロコダイル・ダンディー、世界の中

心で愛をさけぶ*、タスマニア物語*、等々（*印は日本
映画）

2）オーストラリア出身の俳優：

　ニコール・キッドマン、ケイト・ブランシェット、
ナオミ・ワッツ、トニ・コレット、ミア・ワシコウス
カ、メル・ギブソン、ラッセル・クロウ、ガイ・ピア
ース、ヒュー・ジャックマン、ジェフリー・ラッシュ、
エリック・バナ、ヒース・レジャー、サム・ワーシン
トン、ポール・ホーガンなど

3）おすすめの映画

・「シャイン」：'96年　ジェフリー・ラッシュ主演。実
　在のピアニストであるD・ヘルフゴットの半生

・「デッド・カーム/戦慄の航海」：'96年　ニコール・
　キッドマンの出世作となったサスペンス映画

・「アンボンで何が裁かれたか」：'90年　戦後、アンボ
　ン島で行なわれた日本人戦犯に対する裁判。

・「裸足の1500マイル」：'02年　先住民アボリジニと
　白人の混血児についての、実話に基づいた映画

・「ハート・ブルー」：'91年　キアヌ・リーブス主演。
　Victoria州ベルス・ビーチ（サーフィンのメッカ）
　が舞台

2.語学ボランティアで国際親善に貢献しています

（2018年10月発行：株式会社アルファ社内報
『ALPHA WAVE』掲載記事）

　みなさん、最近、街で外国人観光客を見かけることが多くなったと感じませんか？

「観光立国日本」を目指す取組みの下で訪日外国人の大幅増が続く中、当社役員OBの関 知恥忠さんはその語学力を活かして「善意通訳者（Goodwill Guide）」として活躍されています。

　善意通訳は1964年の東京オリンピックを機に、日本を訪れる外国人が快適に滞在でき、日本をよりよく知ることができるようにと始められた制度で、全国で90以上の団体（SGG）があります。

　関さんは15年前から活動を始め、現在、会員数400名以上と最大規模を誇る神奈川SGGクラブの副会長を務める傍ら、自らも外国人を横浜、鎌倉等に案内するなどして交流を深めています。その実績が評価され、昨年1月には日本政府観光局から表彰されました。

「海外で多くの方にお世話になったので、そのお返し

をしたい」が活動に加わった動機であり、「自分も楽し
んでガイドしてこそ、ゲストに喜んでいただける」が
モットーとのことです。来年のラグビーワールドカッ
プや2020年の東京五輪・パラリンピックを控えて、
より多くの外国人に日本ファンになっていただきたい
と意欲を語られています。

オーストラリア人夫妻を横浜市内に案内（左端が著者）

クルマ好きのオーストラリア人若者グループを日産座間の
ヘリテージコレクションに案内（右から2人目が著者）

（著者プロフィール）
関　知耻忠（せき　ちちただ）
（ニックネーム：Chuck）

1945年：新潟県に生まれる。
1968年：千葉大学工学部卒業後、日産自動車（株）に入
　　　　社。エンジンの設計開発に携わった後、海外部
　　　　門に異動し、以後、海外関連業務に従事する。
　　　　（含カナダ5年、オーストラリア4年の海外勤務）
2000年：自動車部品メーカー・（株）アルファに移籍。同
　　　　社役員、タイ製造子会社社長等を務めた後、
　　　　2009年に同社顧問を退任。
2010年：（公財）横浜企業経営支援財団グローバルビジネ
　　　　スアソシエイトに就任。2018年まで、市内企業
　　　　の海外ビジネス展開支援に携わる。
2019年：日産アーカイブズ・キュレーターに就任、現在
　　　　に至る。

＜保有資格＞
実用英語検定1級（1994年）、全国通訳案内士（1997年）、
AIBA認定貿易アドバイザー（2013年）

Chuck の英語体験
2020年12月10日　初版第1刷発行

著　　者　関 知耻忠
発行者　　谷村 勇輔
発行所　　ブイツーソリューション
　　　　　〒466-0848 名古屋市昭和区長戸町4-40
　　　　　TEL : 052-799-7391 / FAX : 052-799-7984
発売元　　星雲社（共同出版社・流通責任出版社）
　　　　　〒112-0005 東京都文京区水道1-3-30
　　　　　TEL : 03-3868-3275 / FAX : 03-3868-6588
印刷所　　藤原印刷